Fritz May

Von Saba nach Zion
Die dramatische Rettung und Heimkehr
der äthiopischen Juden nach Israel

Fritz May

Von SABA nach ZION

**Die dramatische Rettung
und Heimkehr der äthiopischen
Juden nach Israel**

Schulte & Gerth

© 1998 Verlag Klaus Gerth
Best.-Nr. 815 539
ISBN 3-89437-539-6
1. Auflage 1998
Umschlaggestaltung, Grafiken und Bildtafeln: Ursula Stephan
Satz: Die Feder GmbH, Wetzlar
Druck und Verarbeitung: Ebner Ulm
Printed in Germany

Der Herr
wird ein Zeichen aufrichten unter den Völkern
und zusammenbringen die Verfolgten Israels
und die Zerstreuten Judas aus allen Himmelsrichtungen
Jesaja 11,12

Gedenkt der „Söhne und Töchter des Südens!"
Nach Jesaja 43,6

Allen Christen, Israel-Freunden und Juden gewidmet,
die an die Erfüllung göttlicher Verheißungen glauben!
Fritz May

Inhalt

Wie einst in den Tagen Saigons – Ohnmächtig und mit
Blindheit geschlagen – Tausende warten immer noch

Vorwort

Seit mehr als zwei Jahrtausenden leben Juden – teils gezwungen, teils freiwillig – in vielen Ländern der Welt. Aber für jeden von ihnen gibt es nur eine wirkliche Heimat: Das ist *Zion!*

Zion – das ist Gottes eigenes Land. Das Verheißene Land. Das Gelobte Land. Das Land Israel (Eretz Israel). Es ist das Land, in dem Gott auf Erden wohnt. Das Land, in dem er sich in besonderer Weise und auf vielfache Art den Glaubensvätern Israels Abraham, Isaak und Jakob, offenbart hat. Und in dem Jesus lebte und als Messias Israels wiederkommen wird.

Seit dem Ende des 19. Jh. zog es immer mehr Juden aus der weltweiten Diaspora in das Land ihrer Glaubensväter und der Gottesoffenbarung zurück. Eine mächtige Bewegung entstand: Der Zionismus. Er war teils religiös, teils politisch motiviert. Wie auch immer: Er war und ist der Inbegriff für die gottgewollte Heimkehr der Kinder Israels in das Verheißene und Gelobte Land, nach Zion. Darum lauten auch die Schlußworte der israelischen Nationalhymne HATIKVA: „…in Zion, Jerusalems Land."

Schon vor 2500 Jahren redete Gott durch seine Propheten zu seinem auserwählten Volk und verhieß ihm für die Endzeit die Heimkehr nach Zion:

„ICH will vom OSTEN deine Kinder bringen und sie vom WESTEN her sammeln. Und ICH will zum NORDEN sagen:

Gib her! Und zum SÜDEN: Halte nicht zurück! (Die Himmelsrichtungen sind jeweils aus der geographischen Perspektive des Landes Israel zu verstehen!) Bringt her meine Söhne und Töchter von ferne, alle, die meinen Namen tragen (= Isra-EL) und die ich zu meiner Ehre geschaffen habe" (Jesaja 43,5–7).

Eine der bedeutendsten und spektakulärsten Heimkehrbewegungen des Zionismus (hebr.: Alija = Aufstieg nach Jerusalem) in neuerer Zeit war die dramatische Rettung der schwarzen Kinder Israels aus dem von Bürgerkrieg und Hungersnot heimgesuchten afrikanischen Land Äthiopien. Sie fand in mehreren Wellen zwischen 1984 und 1991 unter den geheimnisvollen Code-Namen „Operation Mose", „Operation Saba" und „Operation Salomo" statt.

Bei der letzten großen Rettungsaktion 1991 waren meine Frau und ich unmittelbar Augen- und Ohrenzeugen des ergreifenden Geschehens. Das gewagte Unternehmen war eine „Sternstunde" Israels. Außerdem eines der größten Wunder Gottes in der Geschichte des jüdischen Staates. Und zugleich ein überwältigendes sichtbares Zeichen der weiterbestehenden Erwählung des Volkes Israel.

Dieser interessante und spannend geschriebene Bericht schildert den actionreichen Ablauf der spektakulären Ereignisse zwischen 1984 und heute. Er gleicht geradezu einem Thriller. Außerdem informiert er über die faszinierende Geschichte und Hintergründe eines über 3000 Jahre alten geheimnisvollen jüdischen Volksstammes, der über Jahrhunderte verschollen und vergessen war und nun nach Zion zurückgekehrt ist. Seitdem ist er in der multi-kulturellen Gesellschaft Israels nicht mehr zu übersehen.

Fritz May

Im Herzen des Schwarzen Kontinents

Geheime israelische Luftbrücke rettet 14.800 schwarze Juden

Es ist Ende Mai 1991!

Äthiopien, einer der ältesten Staaten und faszinierendsten Länder Afrikas, erlebt das wohl dramatischste Ereignis seiner fast 3.000jährigen Geschichte. Es ist zugleich eines der größten Wunder im 20. Jahrhundert.

Das Bürgerkriegs- und Hungerland im Herzen des Schwarzen Kontinents ist wirtschaftlich und militärisch, politisch und gesellschaftlich völlig am Ende. Die Tage des moskau-orientierten, sozialistisch-marxistischen Regimes des Diktators Haile Mariam Menghistu sind gezählt.

Israel bereitet sich indessen auf die größte geheime Luftbrücke in der Geschichte des jüdischen Staates vor. Das Ziel ist: Die Rettung und Heimholung der äthiopischen Juden nach „Zion, Jerusalems Land".

Am 24. Mai ist es soweit: In einer grandiosen Nacht- und Nebelaktion fliegen 36 israelische Flugzeuge 14.800 dunkelhäutige Menschen eines seit 2.000 Jahren verschollenen jüdischen Volksstammes aus der äthiopischen Hauptstadt Addis Abeba nach Israel. Unter den Geretteten sind 10.000 Kinder und Jugendliche im Alter bis zu 16 Jahren.

300 israelische Elitesoldaten, die wenige Stunden vorher

fast unbemerkt auf dem „Dach Afrikas" eingeflogen wurden, sichern in der Stunde Null das waghalsige Unternehmen. Weitere 1.000 Israelis führen als Helfer, Flugbegleiter und Piloten schließlich die großangelegte Rettungsaktion durch. Sie läuft als geheime Kommandosache unter dem Code-Wort „Operation Salomo". Insgesamt dauert sie 36 Stunden. Dann ist sie, ohne daß auch nur ein Schuß abgefeuert wird oder ein Mensch ernsthaft zu Schaden kommt, erfolgreich beendet. „Mit Gottes Hilfe!" wie viele Israelis in jenen Tagen voller Überzeugung sagen und dabei auf die Verheißung Gottes hinweisen:

„ICH will sie wieder in das Land Israel bringen, nach Zion" (Jeremia 3,14; 30,3).

Die dramatische Rettung und Heimkehr der äthiopischen Juden ist so faszinierend, daß sie einem atemberaubenden Thriller voller Action und Spannung gleicht. Sie erinnert in eindrucksvoller Weise an jenen spektakulären Exodus der Kinder Israels, wie er vor 3.200 Jahren in Ägypten stattfand. Seine moderne Version hat sich vor einigen Jahren südlich davon im Herzen des afrikanischen Kontinents zugetragen.

In der Bibel unter verschiedenen Namen bekannt

Im Schwarzen Kontinent liegt ein Land, das bereits in biblischer Zeit existierte und von sich reden machte. In der Bibel, dem Alten und Neuen Testament, ist es unter verschiedenen Namen bekannt. Es wird bezeichnet als:

- „Pathros" (Jesaja 11,11). Es heißt auch „Südland". Ursprünglich war damit Oberägypten gemeint, aber auch der südlicher gelegene Sudan sowie das zentrale Bergland Äthiopiens.
- „Kusch" (Jesaja 18,1 u. a.) ist das Land mit den beiden Quellflüssen des Nils: der Sudan und Äthiopien.

- „Saba" (Jesaja 60,6 u. a.). Gemeint ist damit Südarabien, der spätere Jemen und die Nordregion Äthiopiens mit dem alten „Aksumitischen Reich".
- „Mohrenland" (Apostelgeschichte 8,27ff) als volkstümliche Bezeichnung Äthiopiens mit seiner dunkelhäutigen Bevölkerung.

In nachbiblischer Zeit wird dann dieses schwarzafrikanische Land generell als „Äthiopien" bezeichnet. Im Laufe der Jahrhunderte zeitweise auch „Abessinien". Besonders die Faschisten in Italien verwenden diesen Begriff in den Jahren 1936–41, als sie das Land okkupiert und ihrem ostafrikanischen Kolonial-Imperium einverleibt hatten.

Rotes Land zwischen Rotem Meer und Blauem Nil

Äthiopien ist eines der größten Länder Afrikas. Es umfaßt 2 Mio. qkm und erstreckt sich vom Roten Meer im Norden bis zu den riesigen Flußlandschaften am Blauen Nil und den Salzseen Danakiliens. Es grenzt im Nordosten an den Sudan, im Osten an Dschibuti, im Südosten an Somalia und im Süden an Kenia. Geographisch ist damit die gesamte Region am „Horn von Afrika" gemeint.

Afrikaforscher und Weltreisende und in neuerer Zeit auch Pauschaltouristen schwärmen geradezu von dem Land, das zweifellos eines der schönsten, geschichtsträchtigsten und interessantesten Länder Afrikas ist.

Die Vielfalt der Landschaften ist beeindruckend: Das zentrale Hochland mit seinen bis zu 4.000 m hohen Tafelbergen, zerklüfteten Gebirgszügen und tiefeingeschnittenen Cañons, wird als das „Dach Afrikas" bezeichnet. Es nimmt den größten Teil der Fläche Äthiopiens ein. Ebenfalls beeindruckend sind die riesigen Akaziensteppen, der tropische Regenwald, die Sandwüsten, die Seenkette im Rift Valley, vor allem aber der idyllische und einmalig schön gelegene Tana-See mit seinen zahlreichen Inseln und Kulturdenkmälern im Herzen des

Landes, durch den sich der Blaue Nil ergießt. Mit seinen 3.600 qkm ist der Tana-See siebenmal größer als der Bodensee.

Die Erde des zentralen Hochlandes ist von roter Farbe und äußerst fruchtbar. Sie hätte seine Einwohner stets ernähren können, wenn dies nicht immer wieder Naturkatastrophen und jahrzehntelange Bürgerkriege zunichte gemacht hätten.

In einer Höhe bis zu 1.800 m wachsen Bananenstauden, Dattelpalmen, Gummibäume und Kaffeesträucher. (Äthiopien ist das Ursprungsland der Kaffeepflanze.) In einer Höhe von 1.800 – 2.500 m gedeihen neben subtropischen Pflanzen Orangen, Zitronen, Feigen und Weintrauben. Bis 3.000 m hoch können noch Gerste, Weizen, Kartoffeln und Zwiebeln ertragreich angebaut werden.

Ein weiterer Hauptwirtschaftszweig ist die Viehzucht. Es gibt Hunderttausende von Rindern, Schafen und Ziegen und Tausende von Kamelen und Dromedaren. Sie ziehen in großen Herden wie in antiker Zeit noch heute über das Land und erinnern an biblische Geschichten.

Ein Museum der Völker und Kulturen

Seit Jahrtausenden ist das zentrale Hochland der bevorzugte Kultur- und Lebensraum Äthiopiens. Begünstigt durch das ganzjährig milde und ausgeglichene Klima, das geradezu ideal ist, leben hier auch die meisten Einwohner des Vielvölkerstaates in zahllosen kleinen Dörfern und Städten. Sie sind im strengen Sinn keine Schwarzen, sondern meist dunkelhäutige Menschen mit bronzefarbenen Gesichtern. Von den alten Griechen wurden sie deshalb auch „aitops" genannt. Das bedeutet soviel wie „Menschen mit verbranntem Gesicht". Dennoch werden sie meist als „Schwarze" bezeichnet. Sie sind meist schlank und hochgewachsen und strahlen eine natürliche Anmut, Würde und Freundlichkeit aus. Forscher bezeichnen deshalb die Äthiopier auch als die „schönsten Menschen Afrikas".

Seit altersher ist das zentrale Hochland von Äthiopien ein Museum der Kulturen. Zahlreiche semitische Völker kamen

KARTE VON ÄTHIOPIEN

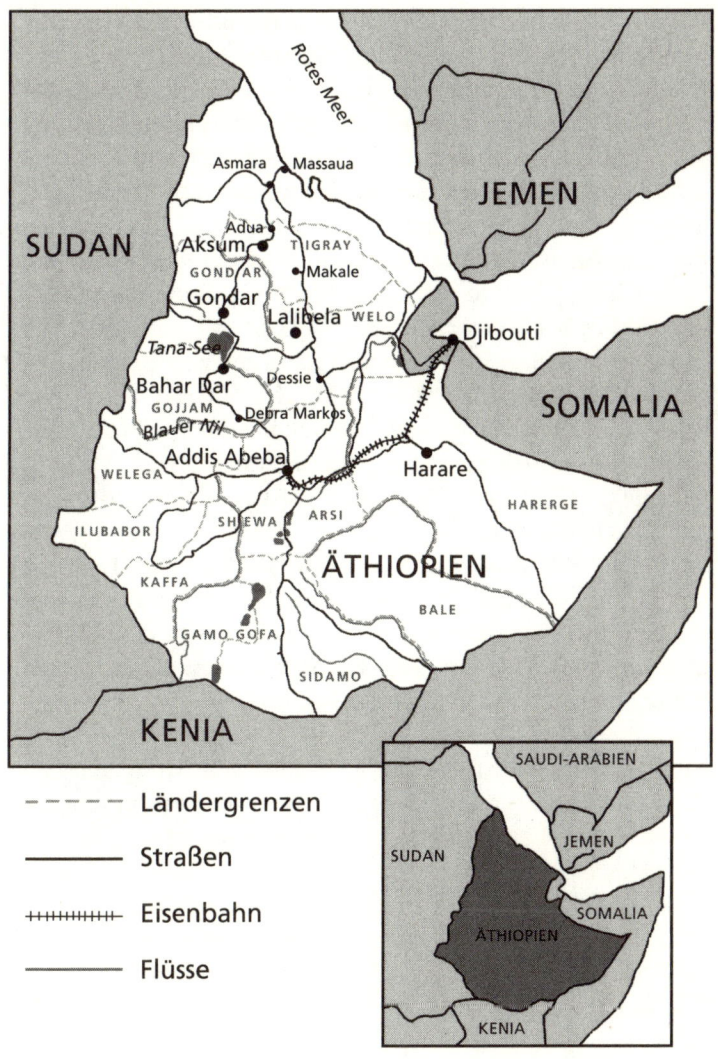

von Ägypten und Arabien auf das „Dach Afrikas" und brachten ihre Kultur wie Sprache, Religion, Ethik, Kunst, Lebensformen und Institutionen mit und schufen sich ihr Gemeinwesen. So daß Äthiopien heute einer der ältesten Staaten Afrikas ist und bis 1974 die älteste Monarchie der Welt war.

Wer heute als Forscher oder Tourist auf der „Historischen Route" durch das zentrale Hochland Äthiopiens reist, trifft deshalb vielerorts nicht nur auf zahlreiche Siedlungsgebiete alter Völker. Er stößt auch auf jahrhundertealte Residenzstädte äthiopischer Kaiser und Könige, deren Dynastien bis in die jüngste Vergangenheit unseres Jahrhunderts reichten. Ihre einstmals prächtigen Paläste und Schlösser sind zum großen Teil bis heute recht gut erhalten und meist ohne Einschränkung für jedermann zugänglich.

Von besonderer historischer Bedeutung ist die antike Kaiserstadt Aksum im Norden des Landes. Ihre Anfänge gehen bis in die Zeit der Königin von Saba (ca. 10. Jh. v. Chr.) zurück. In der Erinnerung der Äthiopier ist sie die Wiege der nationalen Kultur und besteht als geistige Hauptstadt Äthiopiens bis heute weiter. Erwähnt sei auch die nicht weniger bedeutsame alte Kaiserstadt Gondar nördlich des Tana-Sees mit ihren weiträumigen und eindrucksvollen Palastanlagen (Kaiserpfalz) aus der Zeit des Kaisers Fasilada (1632–67). Deshalb sind Studienreisen auf der „Historischen Route" heute besonders interessant und beliebt.

Inmitten dieses historischen Museums von Menschen, Völkern und Kulturen lebten bis vor wenigen Jahren mehr als 70.000 dunkelhäutige bzw. schwarze Kinder Israels.

Es beginnt alles mit einer Liebesromanze

Äthiopische Juden in der Bibel

Wer sind die schwarzen Kinder Israels? Woher kommen sie? Und wie sind sie nach Äthiopien gelangt? – Fragen, die immer wieder viele Gemüter beschäftigen und erregen.

Zweifellos sind sie Juden und gehören zum auserwählten Volk Israel. Gott hat sich zu ihnen in der Bibel ausdrücklich bekannt. Zugleich wird ihre Existenz in Äthiopien bereits im Alten Testament vorausgesetzt. In Jesaja 11,11 werden sie als „sein Volk aus Kusch" (= Äthiopien) erwähnt. In Zephanja 3,10 spricht Gott von ihnen als „meine Anbeter" und „mein zerstreutes Volk". Und von Äthiopien sagt der Herr: „Ich will in dir ein armes und geringes Volk übriglassen, die werden auf den Namen des Herrn vertrauen" (Zephanja 3,12).

Schon in biblischer Zeit reisten Juden aus Äthiopien nach Israel, entweder um Geschäfte zu tätigen oder aus religiösen Gründen. Ein entsprechender Hinweis findet sich in Zephanja 3,10: „Aus Kusch werden meine Anbeter, mein zerstreutes Volk, mir Geschenke bringen." Aus dem Buch des Propheten Jeremia ist außerdem zu erfahren, daß ein frommer Äthiopier mit dem Namen Ebed-Melech als Finanzminister am Hof des israelitischen Königs Zedekia tätig ist. Schließlich berichtet Lukas in der Apostelgeschichte 8,27ff von einem weiteren Finanzminister aus

Äthiopien („Kämmerer aus dem Mohrenland"), der in Jerusalem weilte.

Zwischen Wahrheit und Volksglauben

Über die Herkunft der äthiopischen Juden gibt es mindestens ein Dutzend Theorien. Um sie ranken sich Legenden und Mythen, die zwischen Wahrheit und Volksglauben schwanken. Manche meinen, sie seien die Nachkommen Moses, der in alter Zeit als König von Äthiopien regierte, nachdem er aus Ägypten geflohen war. Seine Frau Zippora war nämlich eine Kuschiterin (Äthiopierin) (4. Mose 12,1).

Eine weitere Theorie lautet: Sie seien Juden, die beim Auszug aus Ägypten mit den anderen Israeliten nicht rechtzeitig durch das geteilte Wasser des Roten Meeres gekommen waren und sich am Ufer entlang südwärts nach Äthiopien durchgeschlagen haben und dort hängenblieben. Diese Theorie war mit ein entscheidender Grund, warum Israel der ersten größeren jüdischen Rückkehrbewegung aus dem afrikanischen Land 1984 die sinnige Bezeichnung „Operation Mose" gab.

Nicht wenige jüdische Völkerkundler gehen auch von der Theorie aus, daß die äthiopischen Juden Nachkommen des israelitischen Stammes Dan sind. Erstmals behauptete dies der Geschichtsschreiber Eldach ha-Dani in seinem Reisebericht aus dem 9. Jh. n. Chr., in dem er sich selbst als einen Nachfahren aus dem Stamm Dan bezeichnet. Und in einem Brief vom 15. August 1488 berichtet der berühmte Mischna-Kommentator Rabbi Obadiah von Bertinoro, daß er in Jerusalem zwei Juden aus Äthiopien kennengelernt habe, die sich als Nachkommen des Stammes Dan ausgegeben hätten.

Wer war Dan? Er war Jakobs 5. Sohn (1. Mose 30,5.6). Aus seinem Stamm gingen in biblischer Zeit eine große Anzahl von Richtern und Soldaten hervor. (Auch heute gelten die wehrfähigen Juden aus Äthiopien als ausgezeichnete Soldaten und Offiziere. Sie gehören meist zu den Eliteeinheiten der israelischen Armee.) Ihr biblisches Wohngebiet lag zwischen der Scharon-Ebene am Mittelmeer und reichte bis zu den Bergen Samarias am Jordantal.

Die Theorie lautet nun, daß Reste des Stammes Dan bei der Eroberung des Landes durch die Assyrer (722 v. Chr.), spätestens jedoch bei der Zerstörung Jerusalems durch die Babylonier (585 n. Chr.), sich vor der Deportation retten konnten und ihre Heimat verließen. Als jüdische Kaufleute und Handwerker getarnt, seien sie nach Süden über das Rote Meer oder den Jemen nach Äthiopien gelangt.

Diese Theorie wird – wie wir noch sehen werden – 1973 bei der Anerkennung der äthiopischen Juden in Israel durch das israelische Oberrabbinat noch eine entscheidende Rolle spielen.

Schließlich hat der Orientalist Wold Leslau die These aufgestellt: Juden seien im ersten vorchristlichen Jahrhundert über Arabien und den Jemen als Lehrer („Missionare") nach Äthiopien gekommen. Dort hätten sie einem dunkelhäutigen heidnischen Volksstamm jüdische Lehren und Rituale beigebracht und ihn zum biblischen Judentum bekehrt.

Alle diese Theorien sind allerdings bis heute nicht eindeutig und überzeugend geklärt und schon gar nicht wissenschaftlich bewiesen.

König Salomo und die Königin von Saba

Die wahrscheinlichste und zugleich verbreitetste Theorie, die weithin auch von den äthiopischen Juden selbst vertreten und von der äthiopischen Reichsideologie offiziell gestützt wird, ist jedoch: Die dunkelhäutigen Juden Äthiopiens sind Nachkommen des israelitischen Königs Salomo. Er habe mit der Königin von Saba (Südjemen und Äthiopien) eine wunderschöne erotische Liebesromanze gehabt. Mit ihr habe das äthiopische Judentum begonnen.

Salomo, der Sohn Davids und Erbauer des Tempels in Jerusalem, regiert von 972–931 v. Chr. über das vereinte Königreich Israel. Es erstreckt sich vom „Bach Ägyptens bis zum Euphrat." Er ist eine außergewöhnliche Persönlichkeit jener

Zeit. Als äußerst befähigter Politiker und Staatsmann beschert er dem Land ein blühendes Wirtschaftswunder. Das Großreich Israel unterhält mit dem sagenumwobenen Goldland Ophir und anderen exotischen Ländern des Mittleren und Fernen Ostens sowie Afrikas einen schwungvollen Handel. Darüber hinaus ist der Herrscher Israels weit über die Grenzen seines Landes als einer der klügsten und weisesten Männer der Welt bekannt.

Zur gleichen Zeit herrscht im südlichen Arabien die Königin von Saba über das große Reich der „Sabäer". Es ist durch das Rote Meer getrennt. Ein Teil davon liegt im Südwesten der arabischen Halbinsel (dem heutigen Jemen) mit der Hauptstadt Marib. Die Römer nennen es „Arabia Felix" (glückliches Arabien). Das Land erinnert noch heute an die Geschichten aus Tausendundeiner Nacht. Der andere, weit größere Teil liegt gegenüber auf dem afrikanischen Festland, am „Horn von Afrika". Es umfaßt das nördliche Bergland Äthiopiens bis zum Tana-See. Die Hauptstadt ist Aksum (Axum).

Das Reich der „Sabäer" ist ein reiches Land. Es unterhält Wirtschaftsbeziehungen zu Ägypten, Israel, ins Zweistromland (Irak) und bis nach Indien. Zu seinen Hauptexportgütern gehören Gold, Weihrauch und Myrrhe, aber auch Gewürze und Elfenbein, sowie Affen und Kamele.

Durch die Wirtschaftsbeziehungen zu Israel ist der Königin von Saba auch Salomo nicht unbekannt. Von seiner Macht und Weisheit hat man ihr ausführlich erzählt. So hat sie den Wunsch, diesen außergewöhnlichen Herrscher in Jerusalem persönlich kennenzulernen. Sie beschließt, zu einem Staatsbesuch nach Israel zu reisen. Was sie dabei erlebt, ist eine romantische und folgenreiche Liebesgeschichte. Die Bibel berichtet darüber in 1. Könige 10, 1–13 und 2. Chronik 9, 1–13:

Salomo wurde zur Ehre des Herrn so bekannt, daß auch die Königin von Saba von ihm hört. Sie macht sich auf den Weg, um sein Wissen durch Rätselfragen auf die Probe zu stellen. Mit zahlreichem Gefolge kommt sie nach Jerusalem. Ihre Kamele sind schwer beladen mit duftenden Ölen, Gold und Edelsteinen.

Als sie zu Salomo kommt, legt sie ihm Rätselfragen vor, die sie sich ausgedacht hat. Salomo bleibt ihr keine Antwort schuldig. Auch die schwierigsten Fragen können ihn nicht in Verlegenheit bringen. Die Königin ist tief beeindruckt von der Klugheit Salomos. Sie besichtigt auch seinen Palast. Sie sieht die Speisen und Getränke, die auf seine Tafel kommen, die Minister, die nach ihrem Rang an seiner Tafel sitzen und die Diener, die in kostbaren Gewändern aufwarten, und sie sieht auch die reichen Brandopfer, die er im Tempel des Herrn darbringt.

Vor Staunen stockt ihr der Atem, und sie sagt zu Salomo: „Es ist nichts übertrieben, was ich bei mir zu Hause über dich und dein Wissen gehört habe. Ich konnte es nicht glauben. Aber jetzt habe ich mich mit eigenen Augen davon überzeugt. Dein Wissen und dein Reichtum übertreffen sogar noch, was ich darüber gehört hatte. Nicht einmal die Hälfte der Wahrheit hat man mir gesagt. Wie glücklich sind deine Frauen und deine Minister, die täglich um dich sind und deine klugen Worte hören! Der Herr, dein Gott, sei gepriesen, der dich erwählt und dir die Herrschaft über Israel anvertraut hat! Weil seine Liebe zu seinem Volk nicht aufhört, hat er dich zum König eingesetzt, damit du darüber wachst, daß das Recht von niemand verletzt wird." Dann schenkt sie Salomo 85 Zentner Gold, eine Menge duftende Öle und viele Edelsteine. Nie wieder gelangte so viel kostbares Öl nach Jerusalem wie damals.

Der Bericht schließt damit, daß Salomo aus Dank der Königin von Saba „jeden ihrer Wünsche erfüllt und ihr darüber hinaus alles schenkt, was sie begehrt..."

Viele Befürworter dieser letztgenannten Theorie sehen darin die geheimnisvolle Andeutung einer Liebesvereinigung.

Eine Liebesnacht und ihre Folgen

Weit ausführlicher und vor allem erotischer wird die angebliche Liebesromanze zwischen Salomo und der Königin von

Saba im äthiopischen Nationalepos „Kebra Nagast" (Herrlichkeit und Ruhm der Könige) geschildert:

Danach ist die Königin von Salomos Weisheit, seiner Gerechtigkeit und persönlichen Ausstrahlungskraft tief beeindruckt. Die Art seines Redens ist ihr „wie Honig". Seine stattliche Erscheinung, seine natürliche Fröhlichkeit und sein Charme faszinieren sie und machen sie begehrlich nach diesem außergewöhnlichen Mann. Allmählich kommen sich beide näher. Als sie ihn wissen läßt, daß sie wieder in ihr Land zurückkehren will, sagt Salomo: „Eine solch schöne Frau ist von den Enden der Erde zu mir gekommen. Was weiß ich, vielleicht gibt mir Gott Samen für sie."

Er lädt die Königin zu einem opulenten Mahl in seinen Palast ein. Seine Diener tragen auf, was es nur an Gaumenfreuden gibt. Dabei läßt der betörende Charmeur und Meister erotischer Verführung die Speisen ungewöhnlich scharf würzen.

Zu später Stunde führt er die Königin in seine Privatgemächer. Obwohl sie ihm sehr zugetan ist, ist sie von seiner unmittelbaren Nähe irritiert. Sie bittet ihn deshalb: „Schwöre mir bei deinem Gott, dem Gott Israels, daß du mich nicht berührst und mit mir schläfst." Salomo gibt ihr als Gentleman das Ehrenwort – unter einer Bedingung: „Ich schwöre dir, daß ich dir keine Gewalt antun werde. Dafür mußt du mir schwören, daß du keinen Gegenstand in meinem Palast anrührst." Die Königin ist damit einverstanden. In der Nacht bekommt sie jedoch wegen der stark gewürzten Speisen einen unbändigen Durst. Ohne an ihr Versprechen zu denken, greift sie zu einem bereitgestellten Krug mit Wasser und trinkt daraus. Der listenreiche Verführer hat auf diesen Augenblick nur gewartet. Nun ist er seines Eides ledig und führt sein Begehren aus: Er schläft mit ihr. Als sie am nächsten Morgen mit ihrem Gefolge aus Jerusalem abreist, ist sie schwanger...

Im äthiopischen Nationalepos festgeschrieben

Soweit die (angebliche) Liebesromanze zwischen König Salomo und der Königin von Saba im offiziellen äthiopischen Reichsdokument, dem Nationalepos „Kebra Nagast". Es wurde nach einer Bibelversion im 14. Jh. n. Chr. in der damaligen Umgangs- und Kirchensprache „Geetz" verfaßt. Ob jedoch die darin geschilderte Liebesromanze wahr ist oder nicht, mag dahingestellt bleiben. Wissenschaftlich beweisen läßt sie sich nicht, wohl aber anzweifeln. Aus offizieller äthiopischer Sicht ist sie aber klar. Als der israelische Außenminister Abba Eban einmal gegenüber dem äthiopischen Kaiser Haile Selassie I. bemerkte, daß „die Legende über Salomo und die Königin von Saba zwar recht interessant, aber unwahrscheinlich" sei, antwortete der Monarch entschieden: „Das ist keine Legende. Das ist eine Tatsache!"

Wie auch immer: Sowohl die äthiopischen Juden als auch die äthiopischen Christen, die zur orthodoxen Kirche Äthiopiens gehören und keine Moslems sind, führen ihren Ursprung auf das biblische Volk Israel zurück. Beide glauben sie bis heute, von Salomo und der Königin von Saba abzustammen. An dieser weitverbreiteten Volksmeinung läßt sich nicht rütteln.

Während sich die christlichen Äthiopier gern in der Rolle als „Israeliten" bzw. „neue Juden" sehen, werden die äthiopischen Juden als die „schwarzen Kinder Salomos" angesehen.

In Anspielung auf diese Abstammungstheorie hat die israelische Regierung auch die letzte große Rettungsaktion für die äthiopischen Juden im Mai 1991 unter dem Code-Wort „Operation Salomo" durchgeführt.

Von Menelik I. bis Haile Selassie I.

Der Ring Salomos und die (gestohlene?) Bundeslade

Auch das äthiopische Kaisertum – bis 1974 das älteste der Welt – beruft sich seit seinen Anfängen auf biblische Wurzeln. Sie gehen auf den Erzvater Jakob, seinen Sohn Juda und Salomo aus dem Königshaus David zurück. Von ihnen leitet die äthiopische Kaiserdynastie ihre Legitimation ab. Erstmals wird dies im 14. Jh. n. Chr. in dem bereits erwähnten Reichsdokument „Kebra Nagast" dokumentiert und für die Nation, den Staat und die Kirche Äthiopiens verbindlich festgelegt.

Darin heißt es in Fortsetzung der angeblichen Liebesromanze, daß Salomo der Königin von Saba nach der Liebesnacht einen wertvollen Ring zum Geschenk macht. Falls sie einen Sohn gebären würde, soll sie ihm den später als Vermächtnis von seinem Vater schenken. Die Königin bringt dann tatsächlich einen Sohn zur Welt. Sie nennt ihn Menelik.

Als junger Mann reist er – so die offizielle Reichsideologie, die 1955 unter Kaiser Haile Selassie erneut in der äthiopischen Verfassung verbindlich festgeschrieben wird – nach Jerusalem, um seinen Vater kennenzulernen. Er will ihm den Ring zeigen, den er einst seiner Mutter beim Abschied geschenkt hat. Aber Salomo wehrt ab und sagt zu ihm: „Mein Sohn, ich erkenne dich auch ohne Ring."

Auf der Heimreise nach Äthiopien soll Menelik angeblich die Bundeslade, die Mose von Gott am Sinai erhalten hatte, und die sich bis zuletzt im Tempel in Jerusalem befand, (heimlich) mitgenommen haben. Böse Zungen behaupten, er habe sie sogar mit Hilfe von Assari, dem Sohn des jüdischen Hohenpriesters, gestohlen. Eine große Anzahl von Priestern und Leviten begleiten ihn in seine Heimat. Dort krönen sie ihn zum König (Negus). Als Menelik I. wird er zum Gründer der äthiopischen Nation und zum Ahnherrn der äthiopischen Kaiserdynastie.

Begründet wird dies zusätzlich mit der Verheißung des sterbenden Erzvaters Jakob, die er in seinem Testament seinem Sohn Juda mitgegeben hatte, zu dessen Stamm Salomo gehörte: „Juda ist ein junger Löwe, der niemals leer vom Raubzug heimkehrt. Er legt sich neben seine Beute, und keiner wagt, ihn aufzuschrecken. Nun gehören dir Thron und Zepter. Dein Thron wird stets den König stellen, bis der Herrscher kommt, dem die Völker dienen werden" (1. Mose 49,9f).

Sowohl die Abstammung von Salomo als auch dieses Vermächtnis an Juda wird für die äthiopischen Kaiser zum Legitimationsbeweis. Sie nennen sich deshalb auch „Negus Negasti" (Herrscher der Herrscher) und „Löwe von Juda".

Wenn dies alles auch heute wissenschaftlicher Beweisführung nicht standhält, so ist es der äthiopischen Volksseele gleichgültig. Sie hat eben ihre eigenen (Glaubens-) Überzeugungen und Praktiken, wenn es um ihre persönliche und nationale Identität und um das Bewußtsein der eigenen Tradition und Geschichte geht.

Aksum, das zweite Jerusalem

Die Wiege der äthiopischen Nation und Kultur steht in Aksum (Axum). Die Anfänge der antiken Stadt im nördlichen Bergland der heutigen Provinz Tigre gehen bis in das 10. Jh.

DAS REICH VON AKSUM

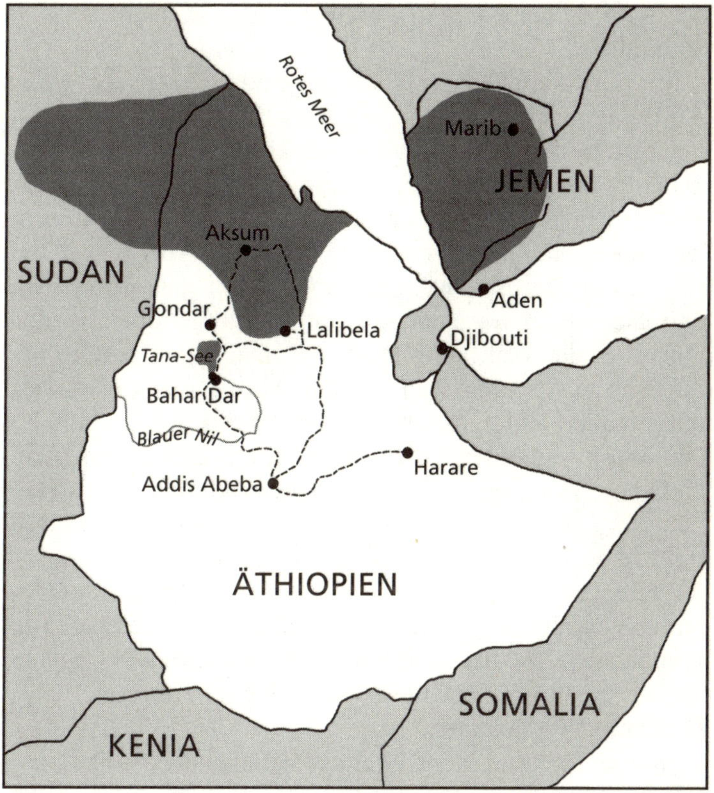

Das Reich von Aksum

Historische Route

v. Chr. zurück. Damals ist sie die Hauptstadt des Westreiches der Sabäer, das von der Königin von Saba, die man hier Makeda nennt, regiert wird. Die Menschen, die hier leben, sind neben Kuschiten und anderen Ureinwohnern Einwanderer aus dem Jemen, dem anderen Teil des Sabäerreiches in Südarabien.

Mit dem allmählichen Niedergang des Sabäerreiches wird Aksum immer mehr zur geistigen, nationalen und religiösen Hauptstadt Äthiopiens. Über Jahrhunderte hinweg ist sie dann als Krönungsstätte der äthiopischen Könige und Kaiser und als Bischofssitz der äthiopischen Kirche die „Mutter aller Städte Äthiopiens" und wird als „Rom Äthiopiens" und als „zweites Jerusalem" bezeichnet. Damit soll ihre besondere Bedeutung als „heilige Stadt" hervorgehoben werden. Davon legen noch heute Reste von mächtigen Bauten und Anlagen aus antiker Zeit Zeugnis ab. So mehrere Kaiserpaläste und Königsgräber. Und ein Park mit bis zu 33 m hohen Stockwerkstelen (Turmhäusern) aus gewaltigen Steinblöcken. Sie weisen auf eine geniale Architektur und Baukunst in jener Zeit hin. An die Krönung der antiken äthiopischen Kaiser erinnert eine heilige Prachtstraße, die von 14 steinernen Thronsitzen flankiert wurde. Auf dem „Thron Salomos" saß der Herrscher. Auf dem „Thron Christi" der Abuna, das Oberhaupt der äthiopischen Kirche. 12 weitere Thronsitze waren hohen Persönlichkeiten bei der feierlichen Zeremonie vorbehalten.

In unmittelbarer Nähe befindet sich die alte Maria-Zions-Kirche. Sie dient in späterer Zeit den Kaisern als Krönungsstätte. Im Schatzhaus der Kirche werden heute eine Vielzahl prächtiger Kaiserkronen aufbewahrt. Sie sind allerdings Nachbildungen, da die meisten Originale verschwunden sind oder im Nationalmuseum in Addis Abeba aufbewahrt werden.

An die Königin von Saba erinnert noch heute die alte Mai-Schum-Zisterne. Sie soll ihr „Freibad" gewesen sein. Außerdem werden an der westlichen Ausfallstraße der alten Kaiserstadt Reste von drei Palästen gezeigt, von denen einer, der Mariam-Palast, im Volksmund als „Grabstätte der Königin von Saba" gezeigt wird.

In Aksum entsteht mit Menelik I., dem (angeblichen) Sohn Salomos, das äthiopische Kaisertum. Es bringt bedeutende Herrscher hervor. Sie alle berufen sich auf ihre Abstammung von Salomo und tragen den Hoheitstitel „Negus Negasti" (Herrscher der Herrscher), ergänzt durch den Beinamen „Löwe von Juda". Nur einmal in der über 2500jährigen Reichsgeschichte Äthiopiens wird die salomonische Linie unterbrochen: Vom 12.–13. Jh. n. Chr. durch die Zagwe-Dynastie, deren Herrscher von der äthiopischen Geschichts-schreibung als „Thronräuber" (Usurpatoren) bezeichnet werden.

Jüdische Symbole als Zeichen kaiserlicher Legitimation und Macht

Um ihre Abstammung von Salomo und ihre kaiserliche Legi-timation und Machtfülle zu unterstreichen, umgeben sich die äthiopischen Herrscher von Anfang an mit vielfältigen jüdi-schen Symbolen. Dazu gehört der Löwe. Der „König der Tiere" wird zum Wappentier für die „Könige der Könige".

Der jüdische Löwe ist kein gewöhnlicher Löwe, sondern eben der von Jakob verheißene „Löwe von Juda" in 1. Mose 49,9f. Er symbolisiert eine außergewöhnliche Persönlichkeit von Fleisch und Blut aus dem „Haus Juda" und erinnert an das Königtum Davids und Salomos. Gleichzeitig weist er auf den kommenden König Israels in der Endzeit hin: den Mes-sias, den Gesalbten Gottes.

Während der „Löwe von Juda", wie er heute sehr schön im Stadtwappen von Jerusalem abgebildet ist, majestätisch auf den Hinterbeinen einherschreitet, läuft der „Löwe von Juda" der äthiopischen Kaiser auf allen Vieren dahin. Zwischen der rechten Pfote hält er allerdings eine Stange mit einer Fahne in den Nationalfarben Äthiopiens und trägt auf dem Haupt eine Königskrone.

Als Symbol der Abstammung von Salomo und als Zeichen der Macht und Würde ziert dieser „Löwe von Juda" seit zwei Jahrtausenden die kaiserlichen Insignien und als steinerne

Reliefs die Paläste und Portale aller öffentlichen Gebäude und Kirchen in Äthiopien und ist als Monument an Straßen, auf Plätzen und in Parks zu sehen. Außerdem gehören zur Grundausstattung kaiserlicher Hofhaltung in Schlössern und Palästen stets Käfige mit lebenden Löwen.

Weitere jüdische Symbole des Kaisertums, die einem auch heute noch in Äthiopien auf Gemälden und Reliefs in Holz, Stein und Eisen begegnen, vornehmlich in den Kaiserhochburgen Aksum, Gondar und natürlich Addis Abeba, sind der Davidsstern und die beiden Tafeln mit den Zehn Geboten vom Sinai.

Menelik II., der Gründer des neuen Äthiopiens

Aus der langen Reihe der äthiopischen Herrscher, die sich auf Salomo und das Judentum berufen, ragen zwei aus der Neuzeit besonders heraus: Menelik II. und Haile Selassie I.

Menelik II. ist der Gründer des neuen äthiopischen Staatsverbandes, der in den letzten Jahren des vergangenen Jahrhunderts entsteht. Er regiert von 1889–1913. Mit dem Bau seiner Residenz auf einem Hochplateau in der Provinz Shoa legt er den Grundstein für Äthiopiens neue Hauptstadt Addis Abeba. Gesegnet mit einem angenehmen Klima wächst inmitten einer wunderschönen natürlichen Parklandschaft die „Neue Blume" Äthiopiens, wie Addis Abeba übersetzt heißt, heran. Zwischen Palmen und anderen exotischen Bäumen entstehen Paläste und Kirchen, Botschaftsgebäude und Herrenhäuser. Aber auch Wellblechhütten, die bald zu Slums verkommen. Mit dem Bau der Eisenbahnlinie von Dschibuti am Roten Meer nach Addis Abeba bekommt die neue Hauptstadt einen weiteren Aufschwung für ein rasantes Wachstum. Heute ist sie mit ihren mehr als drei Millionen Einwohnern die einzige Großstadt Äthiopiens und zugleich politisches, wirtschaftliches und kulturelles Zentrum des Landes.

Bald nach dem Machtantritt Meneliks II. versuchen die Italiener im Zuge der europäischen Kolonialisierung Afrikas, sich Äthiopien zu unterwerfen. Aber es gelingt ihnen nicht. Der Kaiser kann sein Reich erfolgreich vor dem Zugriff der Kolonialmacht Italien bewahren. Am 1. März 1896 vernichtet er in der Schlacht von Adua, 25 km nördlich von Aksum, in Gegenwart der christlichen Priesterschaft aus Aksum, die die äthiopischen Kämpfer mit Gebeten, Trommeln und altertümlichen Posaunen moralisch unterstützen, die italienischen Truppen. Der Sieg der nur mit Schilden und Speeren bewaffneten 100.000 äthiopischen Krieger über eine Streitmacht von 18.000 gut ausgerüsteten Italienern war seit Hannibals Sieg über die Römer im Jahr 218 v. Chr. der erste Sieg einer afrikanischen Armee über ein europäisches Kolonialheer.

Haile Selassie I., der 237. Nachfolger Salomos

Der 237. und zugleich wohl auch letzte äthiopische Kaiser in der Thronfolge seit Salomos Sohn Menelik I. ist Haile Selassie (1892–1975). Ursprünglich heißt er Tafari Makonnen. Er ist der Sohn eines Generals und wird von französischen Missionaren erzogen. Danach kommt er an den Hof seines Großonkels, des Kaisers Menelik II. 1916 übernimmt er als „Thronerbe" für die Kaiserin Zanditu die Regierungsgeschäfte. 1928 macht er sich durch einen Staatsstreich zum König (Negus). Zwei Jahre später läßt er sich in der St. George-Kathedrale in Addis Abeba zum Kaiser von Äthiopien (Negus Negasti) krönen. An der Ostwand des Gotteshauses hängen zahlreiche Bilder von seiner Krönung. Andere Bilder zeigen ihn aus früheren Zeiten als Maschinengewehrschützen bei der Schlacht von Maycheco und als Thronanwärter und geschäftsführenden Regierungschef bei seiner Ansprache vor dem Völkerbund im Jahre 1923, als Äthiopien in die Weltgemeinschaft aufgenommen wurde. Außerdem hängen in der Krönungskirche zahlreiche Bilder vom Besuch der Königin von Saba bei Salomo.

Am 5. Mai 1936 wird Äthiopien schließlich doch noch von Italien erobert durch den Einmarsch der faschistischen Truppen Mussolinis in Addis Abeba.

Zwei Tage vorher flieht Haile Selassie mit seiner achtköpfigen Familie und 45 hohen äthiopischen Würdenträgern mit dem Zug in die 780 km entfernte Hauptstadt von Französisch-Somalia, Dschibuti. Von dort begibt er sich an Bord des britischen Kreuzers „Enterprise" nach Haifa im damaligen britischen Mandatsgebiet „Palästina". Nach seiner Ankunft am 8. Mai reist er sofort mit dem Zug nach Jerusalem, wo ihn die kleine Gemeinschaft der äthiopisch-orthodoxen Kirche jubelnd empfängt. Für einen Monat bezieht er Quartier im King David-Hotel, in dem noch heute hohe Staatsgäste absteigen. Am 3. Juni geht der Kaiser ins Exil nach London.

Äthiopien erhält durch die neue italienische Kolonialmacht den Namen „Abessinien", den es früher schon einmal zeitweise trug. Zugleich wird es dem Kolonialreich „Italienisch-Ostafrika" einverleibt. 1941 befreien britische Truppen „Abessinien" vom Sudan und von Kenia aus. Am 19. Mai kehrt Haile Selassie unter dem Schutz der Engländer nach Addis Abeba zurück.

Der Kaiser bemüht sich sogleich durch persönlichen Mut und Beharrlichkeit Afrikas ärmsten und zugleich rückständigsten Staat zu reformieren und zu modernisieren. Als zäher Streiter für die Unabhängigkeit der afrikanischen Völker gründet er 1963 die „Organisation für die afrikanische Einheit" (OAU), in der er mit geschickter Diplomatie die jungen afrikanischen Staaten zusammenführt und sie 10 Jahre lang nach außen repräsentiert. Noch heute ist die Africa Hall in Addis Abeba der Sitz dieser Organisation.

Mehrfach weilt der von Gestalt schmächtige und vollbärtige „König aller Könige" mit dem Titel „Sieghafter Löwe von Juda" in Deutschland. Entweder zum Staatsbesuch in Bonn oder zur Kur in Baden-Baden. Dabei wirkt er in seiner operettenhaften Uniform wie ein Herrscher aus einem sagenumwobenen Märchenland.

Enge politische Beziehungen zu Israel

Während seiner gesamten Regierungszeit verhält sich Haile Selassie betont juden- und israelfreundlich. Wiederholt wendet er sich öffentlich scharf und entschieden gegen den immer wieder aufflackernden Antisemitismus in seinem Land.

Der Kaiser umgibt sich nicht nur mit jüdischen Symbolen, sondern auch mit jüdischen Beratern und Ministern. Den jüdischen Diplomaten Prof. Emmanuel Tamrat beruft er zu einem seiner engsten Mitarbeiter, und dem Juden Jakob Tadessa überträgt er (in Anlehnung an mehrere historische Vorbilder?) das Amt des äthiopischen Finanzministers.

Schon früh nimmt Äthiopien als einer der ersten Staaten Schwarzafrikas aus historischen und politischen Gründen enge diplomatische Beziehungen zu Israel auf. Der jüdische Staat schickt seinerseits Experten und technisches Personal für die Organisation der Verwaltung, des Schul- und Gesundheitswesens sowie militärische Berater für den Aufbau der kaiserlichen Polizei und Armee. Selbst hohe israelische Politiker besuchen Äthiopien: so 1960 Moshe Dajan als Landwirtschaftsminister, 1962 Golda Meir als Außenministerin und einige Jahre später Abba Eban in gleicher Funktion.

Der Christ Haile Selassie

Der Kaiser ist trotz seiner jüdischen Abstammung zeitlebens ein erklärter Christ. Er gehört der orthodoxen Kirche Äthiopiens an und ist zugleich ihr weltliches Oberhaupt. Auf jede nur mögliche Weise fördert er in seinem Land das Christentum und die christliche Mission unter den Nichtchristen in seiner Bevölkerung. Er ermöglicht katholischen und protestantischen Missionen aus Europa, Missionare und Missionsschwestern nach Äthiopien zu schicken, um das Evangelium von Jesus Christus zu verkündigen. Bereits am 23. November 1927 sendet die Hermannsburger Mission die ersten vier Missionare aus, um unter den Galla-Völkern im westlichen Äthiopien tätig zu werden. Die Norwegische Lutherische

Kirche beginnt ihre Arbeit im Süden des Landes. Missionare senden auch das evangelikale Missionshaus Bibelschule Wiedenest und die Chrischona-Gemeinden, sowie eine Vielzahl anderer Kirchen und Missionen.

Im Jahre 1944 ordnet die kaiserliche Regierung durch ein besonderes Gesetz alle Missionsarbeit. In den „abgeschlossenen Gebieten" der äthiopisch-orthodoxen Kirche muß sie sich in Zukunft auf pädagogische und ärztliche Dienste beschränken. In den „offenen Gebieten" darf sie weiter frei missionieren.

Dem Lutherischen Weltbund erlaubt Haile Selassie sogar in seiner Hauptstadt einen eigenen Rundfunksender „Stimme des Evangeliums" zu betreiben. Nach dem Sturz des Kaisers werden jedoch unter der nachfolgenden marxistisch-leninistischen Militärregierung des Oberstleutnants Haile Mariam Menghistu am 20. März 1977 die christlichen Sendungen eingestellt, der Sender verstaatlicht und die christliche Mission stark eingeschränkt.

Der Kaiser auf dem Weltkongreß für Evangelisation in Berlin

Im Oktober 1966 hält der Monarch in Gegenwart des bekannten amerikanischen Evangelisten Billy Graham und des berlin-brandenburgischen Bischofs Otto Dibelius sogar die Eröffnungsansprache auf dem Weltkongreß für Evangelisation in Berlin. Zu den 1.200 Delegierten aus allen Teilen der Welt sagt er u. a.:

„Unser Zeitalter ist ein Wendepunkt in der Geschichte, in dem es unsere höchste Pflicht sein sollte, den Menschen das Evangelium von Jesus Christus zu verkündigen."

Als er gefragt wird, was es für ihn bedeute, Christ zu sein, antwortet er:

„Jesu Geburt von der Jungfrau Maria, sein Kommen ins Fleisch und seine Taten während seines Erdenlebens haben mich dazu gebracht, ihm nachzufolgen...

Christ zu sein, bedeutet für mich, den Namen zu tragen, an dem man all diejenigen Menschen erkennt, die zu Christus gehören.

Ein Christ ist ein Mensch, der nach den Geboten Gottes lebt und den Anweisungen und Geboten seines Meisters, Christus, folgt...

Ohne Rücksicht auf die Sprache oder auf die Verschiedenheit der Völker sind alle, wenn sie möchten, in der Lage, Jesus Christus nachzufolgen. Denn er ist nicht verborgen für die, die nach ihm fragen."

Das Ende der Salomonischen Dynastie

1960 versucht die kaiserliche Leibwache unter dem Befehl seines Sohnes Asfa Wassen Haile Selassie zu stürzen. Doch der Putsch mißlingt. Am 12. September 1974 schafft es dann das Militär doch, den Inhaber des ältesten Thrones der Welt nach fast 60jähriger Herrschaft zu entmachten. Die Monarchie wird abgeschafft. Ein Provisorischer Militärischer Verwaltungsrat (PMAC), in der amharischen Volkssprache „Derg" genannt, übernimmt die Staatsgewalt im Land und proklamiert einen „äthiopischen Sozialismus".

In den letzten Monaten seines Lebens steht der entmachtete Kaiser in einem Seitenflügel des Menelik-Palastes in Addis Abeda unter Hausarrest. Ende 1975 stirbt er nach offizieller Verlautbarung in einem Krankenhaus der Hauptstadt an Altersschwäche und einem Prostataleiden. Nach unbestätigten Berichten soll er in der St. George-Kathedrale, der Stätte seiner Krönung, beigesetzt worden sein, während seine Frau und zwei seiner Söhne in der Dreifaltigkeitskirche ihre letzte Ruhe gefunden haben. Die Glasfenster der Kirche zeigen biblische Szenen. Und in der Kuppel sind einige der glanzvollen Auftritte des letzten „Nachkommen König Salomos" dargestellt.

Mit Haile Selassies Sturz und Tod endet die längste und älteste Monarchie der Welt, die bis in biblische Zeiten zurückgeht. Im Herzen vieler Äthiopier ist sie aber immer noch lebendig.

Die äthiopische Kirche und ihr biblisch-jüdisches Erbe

Der erste äthiopische Jude, der Judenchrist wurde

Bis zum 4. Jh. n. Chr. besteht die Hälfte der Bevölkerung Äthiopiens aus Juden. Die andere Hälfte lebt nach heidnischem Glauben und betet Naturgötter an.

In der Mitte des 1. Jh. kommt der erste äthiopische Jude zum Glauben an Jesus Christus. Sein Name ist unbekannt. Was wir aber wissen: Er ist Finanzminister am kaiserlichen Hof in Aksum. Eines Tages reist er im Auftrag der Königin Kandake nach Jerusalem. Er besucht den Tempel, um Gott anzubeten. Bei seiner Rückkehr in die Heimat liest er keine Wirtschaftsnachrichten, sondern die Hebräische Bibel (Tenach = Altes Testament). Genauer gesagt das Buch des Propheten Jesaja, Kapitel 53! Was er liest, versteht er aber nicht so richtig. Bei einem Stop unterwegs spricht ihn ein Mann an. Er heißt Philippus und gehört zur „Urgemeinde" in Jerusalem, die aus an Jesus Christus gläubigen Juden besteht. In deren Dienst ist er als Evangelist unterwegs. Als er den Minister aus dem fernen afrikanischen Land anspricht und ihn fragt, ob er auch weiß, wovon der Prophet Jesaja schreibt, verneint er es. Er bittet Philippus zu sich auf den Reisewagen, um ihm den Text zu erklären. Der Evangelist willigt ein und erläutert ihm die Aussagen des Propheten Israels. Daraufhin bezeugt der Minister seinen Glauben an Jesus Christus und bittet um die Taufe. An einem Gewässer wird er von Philippus getauft. Dann kehrt der schwarze Politiker in seine Heimat zurück. So wird es in der Apostelgeschichte 8,26–40 berichtet.

Im 2. Jh. kommen nach Berichten von Kirchenhistorikern die ersten beiden Missionare Frumentios und Aidesios nach Äthiopien und bezeugen den Juden und Nichtjuden das Evangelium von Jesus Christus. Ihr Zeugnis dringt bis in die höchsten gesellschaftlichen Kreise. Hohe Persönlichkeiten kommen zum Glauben an Jesus. Und auch das Kaiserhaus, das sich auf sein salomonisches Erbe beruft, wendet sich dem Christentum zu.

Im 5. Jh. entsteht die äthiopisch-orthodoxe Kirche. Ihr geistliches Oberhaupt wird der Abuna (Metropolit), ihr weltliches Oberhaupt der Kaiser. Der Tempel in Aksum, die Krönungsstätte der Kaiser, wird in eine christliche Kirche umgewandelt. Sie trägt seitdem den Namen „Maria-Zions-Kirche" und birgt in sich ein altes jüdisches Geheimnis, über das ich noch berichten werde. Bis heute ist sie (nach zahlreichen Umbauten und Restaurationen) eine Art nationales und kirchliches „Heiligtum".

Gegenwärtig gehören über 60 Prozent der ca. 60 Millionen Äthiopier zur äthiopisch-orthodoxen Kirche. Bis zum Sturz des letzten Kaisers Haile Selassie I. war sie Staatskirche.

Die Kirche als Trägerin der äthiopischen Hochkultur

Bevor wir uns näher mit dem biblisch-jüdischen Erbe der orthodoxen Kirche Äthiopiens befassen, möchte ich kurz auf ihre besondere Bedeutung für die äthiopische Kultur hinweisen.

Bis zum Ende des 19. Jh. sind in dem afrikanischen Land die meisten künstlerischen Errungenschaften, sei es in der Architektur, der Malerei oder dem Kunsthandwerk, sowohl christlich als auch jüdisch inspiriert. Sie finden ihren heraus-

DIE
FALASCHAS

Die Nachkommen Salomos besteigen die Flugzeuge, die sie in vier Stunden nach Israel bringen. Freude und gespannte Erwartung spiegeln sich auf ihren Gesichtern.

Äthiopien ist eines der größten, schönsten, geschichtsträchtigsten und interessantesten Länder Afrikas. Es umfaßt 2 Mio. qkm und erstreckt sich vom Roten Meer im Norden bis zu den riesigen Flußlandschaften am Blauen Nil und den Salzseen Danakiliens. Die Vielfalt der Landschaften ist beeindruckend: Das zentrale Hochland mit seinen bis zu 4000 m hohen Tafelbergen, zerklüfteten Gebirgszügen und tiefeingeschnittenen Cañons wird als das „Dach Afrikas" bezeichnet.

Die gewaltigen Tissisat-Wasserfälle des Blauen Nils in der Nähe des Tana-Sees.

FOTO: FRITZ MAY

Ein großer, stilisierter, steinerner „Löwe von Juda" beherrscht den Platz der Einheit in der Nähe des Nationaltheaters von Addis Abeba.

Bis zu 33 m hohe Stockwerkstelen (Turmhäuser) im archäologischen Park des antiken Aksum.

FOTO: FRITZ MAY

Einzigartig sind die Sakralbauten in Lalibela, sogenannte „Felskirchen", die aus dem Stein heraus- bzw. in Stein hineingehauen sind und als „äthiopisches Weltwunder" bezeichnet werden. Sie gehören zum Weltkulturerbe der Menschheit.

Das Symbol des äthiopischen Kaisers: der „Löwe von Juda", hier ein Detail der Fassade des äthiopischen Konsulats in Jerusalem.

Haile Selassie (1892–1975), der 237. Nachfolger Salomos und letzte äthiopische Kaiser, ist trotz seiner jüdischen Abstammung zeitlebens ein erklärter Christ gewesen.

**Hoher Würdenträger der
äthiopisch-orthodoxen Kirche.**

**In der Maria-Zions-Kirche, dem einstigen Kaisertempel
in Aksum, soll sich die Original-Bundeslade aus dem
Salomonischen Tempel in Jerusalem befinden. Dort wird
sie seit antiker Zeit aufbewahrt und von diesem Priester
der orthodoxen Kirche Äthiopiens streng bewacht.**

Der Orientalist
Joseph Halevy
(1827–1917)
entdeckte bei
einer Expedition
nach Äthiopien
den jüdischen
Stamm aus bibli-
scher Zeit, von
dem es bislang
kaum ernstzuneh-
mende Berichte,
dafür aber um so
mehr diffuse
Gerüchte gab.

FOTO: FRITZ MAY

FOTO: FRITZ MAY

FOTO: FRITZ MAY

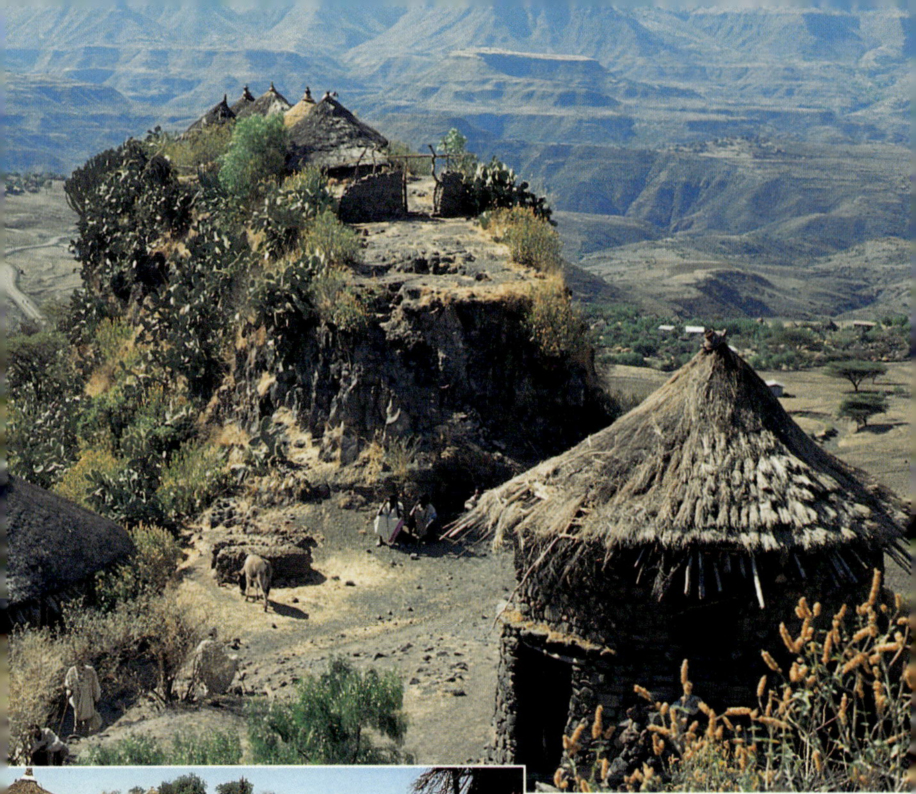

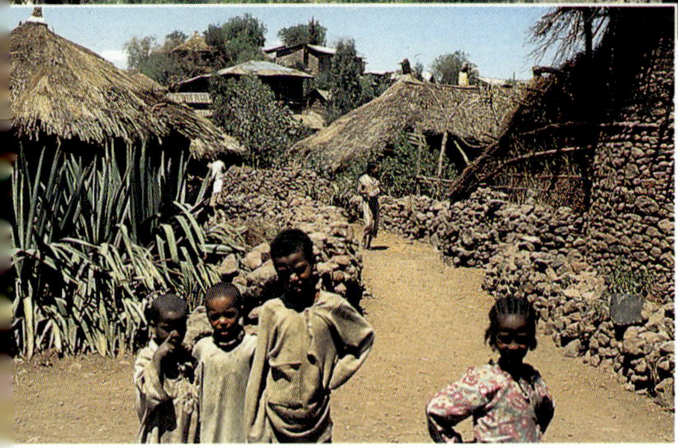

Die Falaschas wohnten zurückgezogen in kleinen Dörfern mit strohbedeckten Hütten. Sie sprechen Amharisch, die Hauptsprache Äthiopiens.

FOTO: FRITZ MAY

Die Falaschas modellieren Figuren aus Blech, Ton und Keramik, die sich an Motiven aus ihrem Alltag und Glauben orientieren. Der Davidstern ziert als nachbiblisches Symbol des Judentums in allen Varianten Köpfe und Kleidung der modellierten Menschen und Tiere. Eines der am häufigsten vorkommenden kunsthandwerklichen Produkte ist ein eng umschlungenes Pärchen, das den König Salomo und die Königin von Saba darstellen soll.

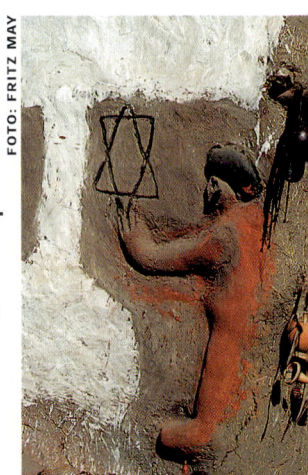

Viele handwerkliche Kunstgegenstände, Wandmalereien, Tafel- und Prozessionsbilder zeigen biblische Motive mit eindrucksvollen Illustrationen aus der Zeit König Salomos und der Königin von Saba.

ragenden Ausdruck in den gegenwärtig mehr als 26.000 Kirchen und Klöstern. Die meisten Kirchen sind Rundbauten. Andere ähneln dem einstigen jüdischen Tempel in Jerusalem. Wiederum andere sehen, vor allem in ihrem Innern, aus wie Synagogen. Einzigartig sind die Sakralbauten in Lalibela, sogenannte „Felskirchen", die aus dem Stein heraus bzw. in Stein hineingehauen sind und als „äthiopisches Weltwunder" bezeichnet werden. Sie gehören zum Weltkulturerbe der Menschheit.

Ebenso einzigartig und beeindruckend sind die vielfältigen handwerklichen Kunstgegenstände, die in und aus den Kirchen nicht wegzudenken sind und die ein reiches Kulturleben und eine tiefe Frömmigkeit des äthiopischen Christentums widerspiegeln. So eine unvorstellbare Zahl von biblischen Handschriften mit eindrucksvollen Illustrationen, Wandmalereien, Tafel- und Prozessionsbildern und Motiven aus der Bibel und der äthiopischen Kirche.

Außerdem seien die kunstvoll gefertigten Kultgegenstände erwähnt, die der Liturgie dienen. Auffallend sind vor allem die Kreuzesarten und Kreuzesformen, die es sonst in dieser Vielfalt und Vielzahl in keiner anderen christlichen Kirche und in keinem anderen Land gibt. Dazu gehören auch prunkvolle Priesterkronen und Priestergewänder sowie die mit Silberkreuzen, Heiligenfiguren und Fransen besetzten bunten Schirme, die nicht gegen die Sonne oder gegen den Regen schützen sollen, sondern bei zahlreichen kirchlichen Prozessionen verwendet werden und gleichzeitig ein Markenzeichen für die Würdenträger der Kirche sind.

Biblische Schatzsuche im
Land des „Löwen von Juda"

Die orthodoxe Kirche in Äthiopien hat seit ihren Anfängen eine besondere Beziehung zum biblischen Judentum. Dies findet intensiv im sakralen Bereich seinen Ausdruck.

Eines der wohl augenfälligsten Merkmale ist: In den weitaus meisten Kirchen befindet sich kein üblicher Altar, wie wir ihn bei uns von der katholischen und protestantischen Kirche her kennen, sondern das „Allerheiligste" (Kadesta Kadusan, hebr. Kodesch Kodaschim) mit einer Nachbildung der jüdischen Bundeslade. Darin sind zwei Gesetzestafeln mit den 10 Geboten (Tabot) enthalten.

Dies erinnert an das „Allerheiligste" mit der biblischen Bundeslade und ihren beiden darin enthaltenen Gesetzestafeln vom Sinai, die einst im Tempel in Jerusalem stand. Sie war sichtbarer Ausdruck für die unmittelbare göttliche Gegenwart unter seinem Volk. Eines Tages aber ist die Bundeslade mit den Gesetzestafeln aus dem Tempel verschwunden, wahrscheinlich durch die Besetzung Jerusalems durch heidnische Großmächte. Das muß etwa vor 2500 Jahren geschehen sein. Für die meisten Historiker und Religionswissenschaftler ist ihr Verbleib bis heute ein großes Rätsel. Und für viele Juden und Christen schon fast zu einer Schicksalsfrage geworden.

Nun will nach 14jähriger Forschungsarbeit der britische Altertumsspezialist und Wissenschaftsjournalist Graham Hancock die Original-Bundeslade in Aksum, der früheren Hauptstadt Äthiopiens, gefunden haben, und zwar in einem Geheimraum der bereits erwähnten Maria-Zions-Kirche, dem einstigen Kaisertempel. Dort würden seit antiker Zeit die hochheiligen und bedeutsamen jüdischen Sakralgegenstände aus dem Salomonischen Tempel in Jerusalem aufbewahrt und von Priestern der orthodoxen Kirche Äthiopiens streng bewacht. Bisher hätten – wie zu erfahren ist – nur einmal zwei Ausländer, ein namentlich nicht erwähnter armenischer Erzbischof und ein armenischer Pater mit dem Namen Dimotheus, das „Heiligste vom Heiligen" sehen können, als sie 1867 in Aksum weilten.

In seinem in Englisch erschienenen Buch „The Sign and the Seal" (Das Zeichen und das Siegel) beschreibt Hancock, wie er in dem einstigen kaiserlichen Tempel, der späteren „Maria-Zions-Kirche", endlich „mit an Sicherheit grenzender Wahrscheinlichkeit das Original der Bundeslade" aufgespürt habe. Schwarze Juden, die nicht ins babylonische Exil gefolgt, sondern geflohen seien, hätten sie mit in ihre Heimat nach Äthiopien gebracht.

Legende, Halbwahrheit oder Wahrheit? Es ist eine müßige Frage. Die äthiopische Kirche und ihre Christen glauben einfach daran, daß sich das Original der Bundeslade mit den beiden Gesetzestafeln vom Sinai in ihrem „Nationalheiligtum" in Aksum befindet. Darum ist für sie die alte Kaiserstadt auch heute noch das „zweite Jerusalem" und Äthiopiens „heiligste Stadt".

Vom biblischen Judentum beeinflußt

Die kirchlichen Feste der äthiopischen Kirche werden bis heute von Ritualen begleitet, die an das biblische Judentum und seine Feste erinnern.

Jedes Jahr feiern die äthiopischen Christen zu Ehren der heiligen Bundeslade in Gondar, der einstigen Hochburg der äthiopischen Juden, das sogenannte Timkatfest. Unter Samttüchern verborgen tragen christliche Priester, in weiße, tallitähnliche Gewänder (Gebetsmäntel) gehüllt, wie sie die Cohanim aus dem jüdischen Priestergeschlecht bis heute verwenden, bei einer feierlichen Prozession eine Nachbildung der Bundeslade ins Allerheiligste und verbergen sie hinter Vorhängen. Ihre wiegenden Bewegungen und ihr ausdrucksvolles Beten mit geschlossenen Augen lassen an Jom Kippur, den jüdischen Versöhnungstag, denken. Ihr späteres Singen und Spielen und ihre ausgelassenen Tänze erinnern dagegen an das jüdische Simchat-Tora, das Fest der Gesetzesfreude, das einen Tag nach Sukkot, dem Laubhüttenfest, gefeiert wird. An dem Tag wird die Tora bei einer feierlichen Prozession in die Synagoge getragen und hinter wertvollen bestickten Vorhängen verhüllt.

Auch Leben und Glauben der orthodoxen Christen ähnelt zum Teil stark dem der orthodoxen Juden. So feiern sie den Samstag als göttlichen Ruhetag, arbeiten nach Möglichkeit nicht und zünden an dem Tag auch kein Feuer an. Am Gottesdienst nehmen Männer und Frauen getrennt teil. Sie praktizieren die Beschneidung. Sie essen rituell geschächtetes (geschlachtetes) Fleisch, das vollständig ausgeblutet sein muß.

Für die Frau und das eheliche Zusammenleben gelten strenge „Reinheitsvorschriften". Darüber hinaus ist den äthiopischen Christen und Juden gemeinsam die Sehnsucht nach dem heiligen Land Israel und speziell nach der Heiligen Stadt Jerusalem als Urstätten ihres Glaubens.

Die äthiopisch-orthodoxe Kirche in Israel

Bereits in der Frühzeit des äthiopischen Christentums ziehen die ersten Pilger vom „Dach Afrikas" ins Heilige Land. Im 13. Jh. existiert eine äthiopische Gemeinde in Jerusalem. Nach einem Bericht des Franzosen Maitre Denis Possot aus dem Jahre 1530 besitzen die schwarzen abessinischen Mönche in der Heiligen Grabeskirche eine Kapelle.

Seit 1870 erfreut sich die orthodoxe Kirche Äthiopiens im Heiligen Land einer steten Aufwärtsentwicklung. Heute ist sie in Besitz zahlreicher Klöster, Kirchen und anderer Gebäude in Jerusalem, Jericho, am Jordan, in Bethanien und in Bethlehem. Nahe des ultra-orthodoxen Stadtteils Mea Shearim in Westjerusalem existiert sogar eine äthiopische Kolonie (Viertel). Heute zählt die äthiopische Kirche in Israel etwa 1.000 Personen. Darunter sind 70 Priester, Mönche und Nonnen. Sie sind allerdings keine zum Christentum konvertierten Juden, sondern ausschließlich äthiopische Christen, die sich aber ihrer biblisch-jüdischen Wurzeln bewußt sind.

Die Entdeckung der „Falaschas"

Einem geheimnisvollen jüdischen Volksstamm auf der Spur

Erstmals im 10. Jh. n. Chr. gibt es in diesem vom biblischen Judentum und Christentum geprägten afrikanischen Land Berichte über die Entdeckung eines geheimnisvollen jüdischen Volksstammes. Er soll mehrere Zehntausend Menschen umfassen. Genaue Zahlen gibt es nicht.

Seit dem 13. Jh. tauchen weitere Berichte, Dokumente und Manuskripte von Forschungsreisenden auf, die allmählich das Geheimnis um diesen Stamm lüften. Danach werden die Angehörigen dieses Stammes als „Falaschas" bezeichnet. Das Wort kommt aus dem Alt-Äthiopischen, der Geetz-Sprache. Doch diese Bezeichnung ist für die Betreffenden eher diskriminierend als ehrenvoll. Denn sie bedeutet: Fremder, Zuwanderer, Eindringling, Rechtloser, Sklave. Deshalb wird sie von ihnen auch weitgehend abgelehnt. Sie bezeichnen sich viel lieber als „Beta Israel" (Haus Israel). Damit wollen sie ihre jüdische Herkunft und Zugehörigkeit zum auserwählten Volk Israel und zugleich ihren Glauben an den Gott Israels, Jahwe, betonen.

Wenn ich für sie dennoch die Bezeichnung „Falaschas" im weiteren Verlauf dieses Reports verwende, dann nicht, um sie zu diskriminieren, sondern weil sie sowohl in der jüdischen als auch in der nichtjüdischen wissenschaftlichen Literatur so genannt werden. Dadurch sollen sie von anderen Äthiopiern jüdischer Abstammung unterschieden werden. Nur da, wo deutlich die religiösen Bezüge zu ihnen herausgestellt werden, werde ich für sie die Bezeichnung „Beta Israel" verwenden.

Im Mittelalter sind die Falaschas ein zahlenmäßig bedeutender jüdischer Volksstamm in Äthiopien. Im 19. Jh. leben noch mindestens 150.000 von ihnen. 1980 sind es noch etwa 70.000.

Seit dem Mittelalter leben die Falaschas vorwiegend im zentralen Bergland zwischen Aksum, dem „Jerusalem Äthiopiens", und der alten Kaiserstadt Gondar, sowie zwischen dem Tana-See und dem über 3.000 m hohen Semyen-Gebirge. Sie wohnen zurückgezogen in kleinen Dörfern mit strohbedeckten Hütten und sprechen Amharisch, die Hauptsprache Äthiopiens. Über Jahrhunderte hinweg sind sie vorwiegend Bauern, die gepachtetes Land bearbeiten. Sie haben meist genug zu essen, sind aber im Blick auf andere Güter arm. Die Errungenschaften der westlichen Zivilisation sind ihnen bis in die Gegenwart weitgehend unbekannt und unerreichbar geblieben.

Andere haben sich auf Handwerksberufe spezialisiert und sind als Weber, Spinner, Töpfer und „Juweliere", die Gold- und Silberschmuck herstellen, tätig. In ihren Werkstätten produzieren sie Decken, Tücher und Gewänder. Sie modellieren Figuren aus Blech, Ton und Keramik, die sich an den Motiven aus ihrem Alltag und Glauben orientieren. Es sind schwarze Krokodile, Vögel, Löwen, Kamele und menschliche Gestalten. Manche sind dargestellt als Rabbi beim Gebet oder beim Lesen der Tora. Der Davidstern ziert als nachbiblisches Symbol des Judentums in allen Varianten Köpfe und Kleidung der Menschen. Selbst auf den Mähnen von liegenden oder dahinschreitenden Löwen-Plastiken, die an den „Löwen von Juda" erinnern, ist dieses bedeutende jüdische Zeichen zu finden. Eine der am häufigsten vorkommenden kunsthandwerklichen Produkte ist ein eng umschlungenes liegendes oder stehendes Pärchen, das den König Salomo und die Königin von Saba darstellen soll. Aber auch andere jüdische Glaubensgrößen wie Abraham, Mose und David werden in verschiedenen Variationen und Größen kunstvoll dargestellt.

Als in der 2. Hälfte des 19. Jh. immer mehr Forscher und Missionare das äthiopische Bergland durchstreifen, stoßen sie auch auf die Falaschas, jenen geheimnisvollen jüdischen Volksstamm, über den man in Europa nur sehr wenig und Ungenaues weiß. Als sie in ihre Heimatländer zurückkehren und davon berichten, werden ihre Darstellungen als „Märchen" oder als phantasievolle Übertreibungen abgetan.

Im Jahr 1864 drängt der bekannte Rabbiner Azriel Hildesheimer, der Gründer der orthodoxen Agudat-Yisrael-Gemeinschaft in Deutschland, darauf, es müsse endlich ein renommierter und anerkannter jüdischer Forscher nach Äthiopien geschickt werden, der das Geheimnis der dort lebenden Falaschas wissenschaftlich einwandfrei ergründen und festlegen solle, ob sie wirklich Juden sind und – wie behauptet – von christlichen Missionaren als „Missionsobjekte mißbraucht" werden.

Drei Jahre später sendet die „Weltweite Israelitische Allianz" in Paris den berühmten jüdischen Orientalisten Joseph Halevy (1827–1917) mit einer Expedition nach Äthiopien. Dort trifft er tatsächlich auf den geheimnisumwitterten jüdischen Stamm aus biblischer Zeit, von dem es bislang kaum ernstzunehmende Berichte, dafür aber um so mehr diffuse Gerüchte gibt. Als er das Mißtrauen bei den führenden Leitern überwunden hat, wird er mit ihnen einig, zwei ihrer jungen Männer mit nach Europa zu nehmen, um sie der Allianz als „verlorene" Juden aus dem Hause Israel präsentieren zu können. Doch auch Halevy gelingt es nicht, die geistige Führerschaft des europäischen Judentums davon zu überzeugen, daß er auf dem „Dach Afrikas" wirklich einen der ältesten verschollenen Stämme Israels entdeckt habe.

Der „Vater der Falaschas"

Nach der Rückkehr Halevys aus Äthiopien vergehen fast 40 Jahre, ohne daß sich das europäische Judentum für das Schicksal der Falaschas weiter interessiert noch sich für sie einsetzt.

Dann erinnert sich plötzlich der aus Polen stammende Völkerkundler Dr. Jaques Faitlovitsch (1881–1955) an seinen großen jüdischen Lehrer Halevy und dessen Bemühen, Licht in das Geheimnis des sagenumwobenen jüdischen Volksstammes zu bringen.

1904 reist er das erste Mal in das schwarzafrikanische Land. Die „Israelitische Allianz" weigert sich aber, die Expedition zu finanzieren. Da springt der Baron Edmund de Rothschild als Finanzier ein. Als Faitlovitsch in Äthiopien auf die ersten Falaschas trifft, ist er tief bewegt und sagt zu ihnen: „Ich bin wie ihr ein Israelit, ein weißer Falascha!" Sie fallen ihm daraufhin zu Füßen, küssen seine Hände und sind überglücklich wie einst Joseph, der in Ägypten seine Brüder wiederfindet (1. Mose 45,1 ff).

Dann beginnt er, ihre Sitten und Gebräuche zu erforschen. Als Wissenschaftler und tief religiöser Jude kommt er sehr bald zu der festen Überzeugung, daß es sich bei den Falaschas um eine jüdische Gemeinschaft handelt, deren Ursprung in einem der altbiblischen Stämme Israels liegt.

Nach seiner Rückkehr berichtet er vor den Repräsentanten des europäischen Judentums: „Die Falaschas sind wirklich Juden. Als ‚Beta Israel' gehören sie zum Hause Israel. Denn sie haben die gleichen Hoffnungen wie wir. Und sie glauben wie wir, daß sie die Zukunft Israels sind... Sie sind ein aktives, intelligentes und moralisches Volk mit großem Wissensdurst." Daraufhin erklären 44 führende europäische Rabbiner, daß die Falaschas als „Beta Israel" „unser Fleisch und Blut sind".

Dann verfassen sie einen Brief an die geistlichen Führer der Beta Israel und bringen darin die Hoffnung zum Ausdruck, daß sie eines Tages nach Zion heimkehren. U. a. heißt es in dem auf Pergament verfaßten Schreiben:

„Im Namen des Herrn, des Gottes Israels: Seid gegrüßt, Söhne Abrahams, Isaaks und Jakobs, die Ihr im Lande Abessinien (= Äthiopien) wohnt...

Seid stark, unsere Brüder. Fürchtet nichts, noch habt ein ängstliches Herz. Der Gott unserer Vorväter, der Euch und uns mit seiner großen Strenge vor den vielen und kummervollen Sorgen, die uns bislang umgeben haben, beschützt hat, wird auch Euch in den Tagen, die da kommen sollen, nicht verlassen noch aufgeben...

Wir, Eure Brüder, werden alles in unserer Macht stehende tun, um Euch eiligst zu Hilfe zu kommen und Euch Lehrer und Bücher zu beschaffen, damit Ihr und Eure Söhne lernt, den Herrn und nur ihn zu fürchten und seine ewige Tora zu halten.

Mögen wir alle das Privileg haben, bei der Ankunft des Tages des Herrn dabei zu sein. Wenn er seinen Geist über alle Völker verteilt und wenn alle eins sein werden, indem sie seinen Willen mit ganzem Herzen erfüllen; an diesem Tag wird er uns von allen vier Enden der Welt einsammeln und uns in Freude in seine Stadt Zion, nach Jerusalem, zu seinem Tempel bringen in ewiger Glückseligkeit."

Als Dr. Faitlovitsch 1908/09 das zweite Mal in Äthiopien weilt, erhält er den Antwortbrief. Er ist von 33 „Kessim" (Priester der Beta Israel. Sie entsprechen den Rabbinern) und Gemeindeältesten unterschrieben und an alle jüdischen Gemeinden in der Welt gerichtet:

„Gelobt sei der Gott Israels. Dieser Brief wird von den jüdischen Gemeinden in Abessinien an unsere Brüder in den jüdischen Gemeinden überall auf der Welt gesandt. Schalom, Friede sei mit Euch, Juden!

Der Brief, den Ihr uns geschickt habt, ist angekommen und brachte uns große Genugtuung. Zuvor hielten wir Eure Existenz lediglich für eine Legende. Jetzt jedoch sind wir sicher und sind darüber hocherfreut...

Die Berichte, die wir von Euch erhalten haben, haben uns gestärkt und unsere Herzen besänftigt. Wir sind voller Kummer. Bedauert uns und betet für uns. Gott sei Dank, daß wir bis zum heutigen Tag an unserem Glauben festgehalten haben, an dem einen Gott und an dem Gesetz des Mose. Gott hat es soweit nicht zugelassen, daß der Same Jakobs im Lande Abessinien ausgerottet wird...

Jetzt haben wir einen guten Kaiser, Gott sei Dank. Menelik möchte, daß jeder nach dem Glauben seiner Vorväter lebt...

Die abessinische Judenheit ist wieder voller Hoffnung... Wir beten dafür, daß Gott es erlauben möge, daß wir alle einst zusammentreffen..."

Kurz vor seiner Rückkehr nach Europa wird Dr. Faitlovitsch von Kaiser Menelik II. in seiner Residenz in Addis Abeba empfangen, der ihm eine gerechte Behandlung der Falaschas in seinem Land zusichert.

Faitlovitsch sieht nun seine zukünftige Lebensaufgabe darin, sich mit ganzem Herzen den Falaschas zu widmen, ihnen zu helfen, wo immer es nur möglich ist, und sie mit dem weltweiten Judentum zusammenzubringen.

Bei seinem dritten Aufenthalt in Äthiopien richtet er mit Unterstützung des von ihm gegründeten Pro-Falascha-Komitees in Rom in der Hauptstadt Addis Abeba eine höhere Schule für Jugendliche ein und auf dem Land für die Kinder zahlreiche mobile Schulen.

Über sieben Mal reist er im Laufe seines Lebens zu seinen jüdischen Brüdern und Schwestern und bleibt oft für Monate bei ihnen. Einmal sind es sogar 18 Monate.

In der übrigen Zeit reist er durch Europa, in den Nahen Osten, in das britische Mandatsgebiet nach Palästina. Stets ist er für die Falaschas bzw. für die Beta Israel unterwegs. Wo immer er spricht, spricht er von ihnen. Sie sind ihm so ans Herz gewachsen, daß all sein Denken, Reden und Tun ihnen gehört. Überall ist er als „Vater der Falaschas" bekannt. Noch heute. Kaiser Haile Selassie I. beruft ihn sogar als „Conseiller de la Légation impériale d'Ethopie", als kaiserlichen Berater der äthiopischen Botschaft in Kairo, und zeichnet ihn obendrein noch mit den höchsten Orden seines Landes aus.

Dr. Faitlovitsch's Berichte, Reden und Aufzeichnungen sind noch heute eine der wichtigsten wissenschaftlichen Grundlagen für die Erforschung der Falaschas. Sie bilden seit den fünfziger Jahren den zentralen Teil einer der größten äthiopischen Bibliotheken der Welt, die der berühmte Falascha-Forscher in seiner schönen Villa in der Vitkinstraße in Tel Aviv eingerichtet hat. Dort befinden sich in einem zweistöckigen Saal über 6.000 Bände äthiopischer Literatur und handschriftlicher Aufzeichnungen. Insbesondere über die äthiopischen Juden, deren wirkliche Herkunft am Ende des 2. Jahrtausends noch immer Geheimnisvolles in sich birgt.

Israel hat kein besonderes Interesse an den Falaschas

In den letzten Jahren seines Lebens versucht Dr. Faitlovitsch intensiv, die Juden in Israel für die Falaschas in Äthiopien zu interessieren. Anfang der fünfziger Jahre gründet er auch im jüdischen Staat ein Pro-Falascha-Komitee. Ihm gehören neben führenden jüdischen Persönlichkeiten auch der spätere israelische Staatspräsident Salman Shazar an. Gemeinsam beschließen sie, in Israel ein Falascha-Dorf zu gründen. Aber es wird nie realisiert.

Ansonsten zeigen Israels Politiker kein besonderes Interesse für die Juden aus Äthiopien. Niemand von ihnen denkt ernsthaft an ihre Heimholung ins Verheißene Land, nach „Eretz Israel". Viele halten sie für viel zu primitiv, als daß sie Israelis werden könnten. In manchen Äußerungen von Mitgliedern der Regierung werden sogar rassistische Motive erkennbar. So soll die israelische Außenministerin Golda Meir gefragt haben, wozu man denn diese „Schwarzen" in Israel brauche. Das Land hätte doch genug Probleme.

In der Tat! Israel hat in jenen Jahren unmittelbar nach der Staatsgründung andere Sorgen: Wie kriegen wir die Juden aus den nordafrikanischen Staaten, aus dem Irak und dem Jemen und vor allem die Überlebenden des Holocaust aus Europa nach Zion? Die also, deren Judesein ein-

wandfrei feststeht. Während dies bei den Falaschas um-
stritten ist!

Selbst das israelische Oberrabbinat in Jerusalem lehnt es
ab, sie als legitime Juden anzuerkennen und auf sie das
„Rückkehrgesetz" von 1950 anzuwenden, das jedem wirk-
lichen Juden, der nachweisbar von einer jüdischen Mutter ab-
stammt oder nach der Halacha, dem jüdischen Religionsgesetz, zum Judentum konvertiert ist, automatisch die israelische Staatsbürgerschaft gewährt und ihn zugleich als Juden
anerkennt.

Außerdem will man in Regierungskreisen durch eine Einwanderung der Falaschas nicht die ausgezeichneten politischen Beziehungen zu Äthiopien gefährden.

Auch Kaiser Haile Selassie I. spricht sich gegen eine Aus-
wanderung seiner jüdischen Untertanen aus. Er fürchtet,
daß sie zu einer Massenauswanderung auch anderer Volksgruppen aus seinem Land führen könnte.

Schließlich plädiert der „Sprecher" der Knesset (Parla-
mentspräsident) Yisrael Yeshayahn dafür, die Falaschas mögen doch alle zum Judentum übertreten. Dann wäre dieses
Problem ein für alle Mal gelöst.

Dies alles trägt entscheidend dazu bei, daß bis Anfang der
siebziger Jahre das „Falascha-Problem" von der regierenden
Arbeiterpartei und ihren Koalitionspartnern bewußt unter-
drückt, verschwiegen und vernachlässigt wird.

Aber für die äthiopischen Juden rücken – nach dem Willen
Gottes – die Tage ihrer Rettung und Heimkehr nach Zion unaufhaltsam näher. Wenn Gottes Zeit gekommen ist, wird ganz
Israel sie mit offenen Armen empfangen. Hat er doch verheißen: „Selbst aus Äthiopien werden sie mir mein zerstreutes Volk wie eine Opfergabe bringen" (Zephanja 3,10).

Voraussetzung dafür ist allerdings, daß sie von Israel auch
als Juden anerkannt werden. Und diese Entscheidung läßt
nun nicht mehr lange auf sich warten.

Das Urteil des israelischen Oberrabbiners Ovadiah Yosef

Noch während das israelische Oberrabbinat in Jerusalem heftig darüber streitet, ob die Falaschas überhaupt Juden sind und zu Recht oder zu Unrecht als „Beta Israel" zum Haus Israel gehören, entscheidet am 7. Februar 1973 (5. Adar 5733 nach jüdischer Zeitrechnung) der für die Juden aus der 3. Welt zuständige sephardische Oberrabbiner Ovadiah Yosef kraft seines Amtes zu ihren Gunsten: die Falaschas sind Juden wie alle anderen auch. Mögen sie auch, wie sie selbst und viele andere glauben, von König Salomo abstammen: Sie gehören zum verschollenen Stamm Dan und sind seine Nachkommen. Der Oberrabbiner beruft sich bei seinem Urteil u. a. auf zahlreiche jüdische Autoritäten der letzten Jahrhunderte und der neueren Zeit. In seinem religiösen Richterspruch heißt es:

„... sie alle schrieben, daß die Falaschas Juden seien. Daher bin ich zu dem Schluß gekommen, daß die Falaschas Nachkommen der israelitischen Stämme sind, die südwärts nach Äthiopien gewandert sind. Die (erwähnten) Autoritäten, die entschieden hatten, daß sie vom Stamm Dan sind, haben die Angelegenheit zweifelsohne äußerst sorgfältig geprüft und sind zu ihrer Entscheidung auf Grund von zweifelsfreien Zeugnissen gekommen."

Sein aschkenasischer Amtskollege Shlomo Goren, der für die europäischen und amerikanischen Juden zuständig ist, schließt sich kurz darauf diesem Urteilsspruch an. Auch der Vorsitzende Richter am Obersten Gerichtshof übernimmt die Entscheidung der beiden Oberrabbiner. Zwei Jahre später, im April 1975, wird sie auch von der israelischen Regierung akzeptiert.

Von nun an gehören die Falaschas als Beta Israel offiziell zum Hause Israel. Für sie ist das eine große Genugtuung. Denn „Dan" heißt nämlich: Gott hat mich gerechtfertigt!

Nun steht ihrer Einwanderung nach Israel nichts mehr im

Wege. Auch spricht nichts mehr gegen ihre Wiedervereinigung mit den in Israel bereits lebenden Brüdern und Schwestern aus den Stämmen Juda, Benjamin und Levi. Heißt es doch schon seit langem in der jüdischen Überlieferung: „Keinen Stamm gibt es, der so groß ist wie der Stamm Juda, und keinen, der so gering wäre wie der Stamm Dan. Darum sagt der Herr, der Gott Israels: Mögen sie sich verbinden, denn der große wie der kleine sind gleich vor dem Herrn."

Bevor wir uns mit der spektakulären Rettung und Heimkehr der Falaschas aus dem Stamm Dan befassen, müssen wir noch etwas über ihren Glauben und ihre Frömmigkeit in ihrer alten Heimat erfahren.

Der Glaube der „Beta Israel"

Sie glauben, die einzigen Juden auf der Welt zu sein

Bereits mehrfach habe ich darauf aufmerksam gemacht, daß die Falaschas sich selbst ausnahmslos „Beta Israel" (Haus Israel) nennen. Denn sie sind alle fromme Juden, aber nicht ultra-orthodox oder religiös extrem. Abgeschnitten von der übrigen jüdischen Welt, glauben sie über Jahrhunderte hinweg bis zu ihrer Entdeckung durch jüdische Forschungsreisende, weltweit die einzigen überlebenden Juden zu sein. Lange Zeit herrscht bei ihnen deshalb die Meinung, alle Juden hätten eine schwarze Haut.

Was sie weltweit mit allen Juden gemeinsam haben, ist der Glaube an den einzigen lebendigen und wahren Gott, den Gott Israels, der sich dem Volk Israel durch Mose am Sinai auf einzigartige Weise offenbart hat.

Bedingt durch die über 2500jährige Trennung vom übrigen Judentum unterscheiden sie sich allerdings in einigen Punkten von den Juden in Israel und aus anderen Ländern.

So sprechen sie kein Hebräisch, auch nicht im Gottesdienst, sondern Amharisch, die allgemeine Umgangssprache in Äthiopien. Die Tora (Weisung, Lehre: die 5 Bücher Moses. Im weitesten Sinn sämtliche biblischen Schriften) sind zum großen Teil auch nicht in Amharisch abgefaßt worden, sondern (erstaunlicherweise) in „Geetz". Es ist eine altsemitische Sprache, die im Mittelalter die Umgangssprache in Äthiopien war und bis heute noch immer die Kirchensprache der christlichen Äthiopier ist. In antiker Zeit war die Tora der Juden in Äthiopien aber in Hebräisch geschrieben. Durch Abschriften wurde es jedoch nach und nach durch das „Geetz" ersetzt. Die Tora besteht allerdings nicht in Form von Schriftrollen, sondern als gebundene Bücher, deren Seiten aber aus Pergament sind.

Das nachbiblische Judentum ist den Beta Israel dagegen weitgehend unbekannt. Deshalb kennen sie auch den Talmud nicht, jene im 5. Jh. n. Chr. abgeschlossene rabbinische Auslegung der Tora mit ihrer umfangreichen Sammlung von Gesetzesvorschriften und Regeln, die für fromme Juden in der ganzen Welt bis heute verbindlich ist.

Der Glaube der Beta Israel entspricht vielmehr weitgehend den alttestamentlichen Grundsätzen des Volkes Israel vor der Babylonischen Gefangenschaft. So halten sie sich streng an die biblischen Vorschriften über den Schabbat. Sie feiern auch die von Gott gebotenen biblischen Feste wie Rosh Hashana (Neumond-Schabbat, Neujahrsfest), Jom Kippur (großer Versöhnungstag), Sukkot (Laubhüttenfest), Pessach (Passafest zur Erinnerung an den Auszug der Kinder Israels aus Ägypten) und Shavuot (Fest der ersten Früchte).

Hingegen haben sie keine Kenntnis von den nachbiblischen Festen Chanukka, das die Juden zur Erinnerung an die Neuweihe des Tempels durch die Makkabäer seit dem 2. Jh. v. Chr. feiern, und dem Purimfest, das an den Sieg über Haman, einen der schlimmsten Judenfeinde der Antike, erinnert. Auch Simchat-Tora, das Fest der Gesetzesfreude, das unmittelbar nach dem Sukkotfest gefeiert wird, ist ihnen unbekannt. Dafür feiern sie das sogenannte „Seged-Fest", das im übrigen Judentum unbekannt ist. Es ist das wichtigste Fest der Beta Israel. Sein Ursprung wird auf Nehemia zurückgeführt. Alljährlich erneuern sie an diesem Fest den Bund mit Gott, der am Berg Sinai geschlossen wurde. Dabei spielen die Bundeslade und die Gesetzestafeln mit den 10 Geboten eine bedeutende Rolle.

Die Beta Israel beachten darüber hinaus streng die ko-
scheren Speisevorschriften der Bibel (Kaschrut). Sie trinken
keinen Alkohol. Sie nehmen körperliche Hygiene peinlich
genau. Deshalb sagt man auch von ihnen: „Sie stinken nach
Wasser." Mischehen mit Nicht-Falaschas sind tabu. Sie kennen nur die Einehe. Scheidungen gibt es nur selten. Männ-
liche und weibliche(!) Babies werden beschnitten.

Unter dem Zeichen von Menora und Davidstern

Mittelpunkt des religiösen Lebens ist die Synagoge. Sie nen-
nen sie „Mesgid". Das bedeutet „Ort der Niederwerfung vor
Gott". Die Synagoge steht unter dem Zeichen von Menora
(Siebenarmiger Leuchter) und Davidstern. Als Glaubens-
symbol und Merkmal des Judentums sind sie sowohl in der
Synagoge als auch im Haus und bei Festen stets gegenwärtig.

Das Innere der Synagoge ähnelt weitgehend dem Tempel
in Jerusalem. Das Bethaus ist zweigeteilt in einen (Vor-)
Raum für die Gemeinde und einen Raum für das „Allerheiligste" mit der Bundeslade und den Gesetzestafeln. Er ist den
„Kessim", den geistig-religiösen Oberhäuptern der Beta Israel, vorbehalten, die den Rabbinern (Rabbis) im Judentum
entsprechen.

Bis zum Anfang des 20. Jh. bringen die Kessim noch nach
alttestamentlichem Ritus am Vorabend des Passafestes Gott
ein Tieropfer dar. Es wurde dann aber bald abgeschafft und
durch das Gebet ersetzt. Denn auch bei den übrigen Juden
der Welt ist seit der Zerstörung des Zweiten Tempels im Jahre
70 n. Chr. das Tieropfer durch Gebete ersetzt worden.

Sehnsucht nach Zion

Die Beta Israel beten stets in Richtung Jerusalem. Denn
Jerusalem ist die heiligste Stadt des Judentums. Jerusalem ist
Zion, der irdische Wohnsitz Gottes und die ewige Heimat der
Juden.

Obwohl sie vom modernen politischen Zionismus kaum etwas oder gar nichts wissen, lesen sie in ihren biblischen Schriften, daß Gott allen Juden die Heimkehr nach Zion, nach Jerusalem, verheißen hat. Sie wissen, daß dort bereits viele ihrer weißen und farbigen Brüder und Schwestern aus dem weltweiten Hause Israel leben. Und sie haben die Hoffnung, daß auch sie eines Tages heimkehren werden nach Zion, um mit ihnen vereint zu sein und gemeinsam den Messias zu empfangen, wenn er kommt.

Deshalb lautet auch eines ihrer schönsten und zu Herzen gehendsten Gebete:

> „Erlöse mich und bringe mich zu deinem Volk Israel,
> denn du bist gerecht, o Herr.
> Dein Name ist Barmherzigkeit,
> o Herr, ewiger König.
> Wenn deine Stadt, die Stadt Zion, sich freut
> und der Berg deines Heiligtums,
> die Stätte deiner Herrlichkeit,
> fröhlich ist in deinem Königreich,
> wenn du erlöst dein Volk Israel
> und deinen Knechten gnädig bist,
> dann laß mich fröhlich sein in deinem Königreich
> zusammen mit deinem Erwählten Israel. Amen.“

Gott wird eines Tages ihre Gebete erhören!

Das äthiopische Drama spitzt sich zu

Antisemitismus in Äthiopien

Seit Anfang des 20. Jh. werden die Lebensbedingungen der Falaschas zunehmend schwieriger und nehmen sogar bedrohliche Ausmaße an. Sie leben zwar in einem weithin „christlichen" Land. Aber es benimmt sich ihnen gegenüber gar nicht christlich. Deshalb ergeht es ihnen ähnlich wie ihren jüdischen Brüdern und Schwestern im sogenannten „Christlichen Abendland Europa": Sie werden auf vielfältige Art diskriminiert und verfolgt.

Wie schon ihre offizielle Benennung „Falaschas" lautet, sind sie in Äthiopien „Fremde ohne eigenes Land". Von den christlichen Äthiopiern (Amharen) werden sie als „Christusmörder" und „Feinde Gottes" verleumdet und als „Zauberer" und „Kannibalen" verdächtigt. Der Antisemitismus, der ihnen entgegenschlägt, wird von Tag zu Tag schlimmer. Der 67jährige Falascha Bayuhe Melku erinnert sich:

„Unter Kaiser Menelik II. waren die Juden in der Provinz Tigre gezwungen worden, für einen Sklavenlohn für christliche Großgrundbesitzer zu arbeiten. Unter der Herrschaft von Kaiser Haile Selassie I. verfolgten uns die christlichen Amharen und töteten uns wie Tiere. Wir hatten keine Arbeit, weil sie uns unser Land wegnahmen. Wir konnten unsere

Kinder nicht in die Schule schicken. Das Leben wurde zusehends unerträglicher. Haile Selassie war kein Antisemit. Im Gegenteil: Er war judenfreundlich und stets bemüht, den Antisemitismus im Land einzudämmen. Doch er konnte nicht allzuviel bewirken."

Nach dem Sturz Haile Selassies setzt sich unter der neuen von Moskau unterstützten marxistischen Regierung des Oberst Menghistu die Diskriminierung und Verfolgung der Falaschas fort. Weil sie Juden sind, hält man sie für Zionisten, die nach Israel wollen, um dort ein „Groß-Israel" aufzubauen. Um von den Zionisten in Tel Aviv Geld und Waffen zum Kampf gegen die Aufständischen in seinem Land zu bekommen, verspricht der äthiopische Diktator dem damaligen Premierminister Menachem Begin, den Antisemitismus und Antizionismus in Äthiopien zu verbieten. Er läßt den Falascha-Bauern wieder das Land zuteilen, das ihnen früher von den Großgrundbesitzern verpachtet worden war. Doch als Israel nicht zahlt und auch keine Waffen liefert, wird es ihnen bald wieder weggenommen, ohne sie dafür zu entschädigen.

Zudem proklamiert das marxistische Regime in Addis Abeba die Parole „Äthiopien zuerst!" Dazu erläßt es Gesetze, die zur Gleichschaltung aller Volksgruppen, Stammeskulturen und Traditionen führen. Es sind Maßnahmen, die an entsprechende Gesetze in Deutschland unter der Nazi-Diktatur erinnern. Die Äthiopisch-Orthodoxe Kirche und der Islam werden jedoch nicht angetastet. Dafür trifft den Katholiken und Protestanten und vor allem den Juden um so mehr die geballte Wucht der Diskriminierung.

Der atheistische Kampf gegen die Kolonial-Kirchen sowie der Antijudaismus und der Antisemitismus werden nun zunehmend schärfer. So setzt Menghistu in der Provinz Gondar, der Hochburg der Falaschas, einen seiner engsten Berater, Major Melaku, als Gouverneur ein. Und dieser läßt seiner antichristlichen und antijüdischen Haltung freien Lauf.

Als 1980 erneut eine verheerende Mißernte das Land in eine große Hungersnot stürzt, nutzt er Aberglauben und Vorurteile gegenüber den Juden dazu, die Falaschas dafür verantwortlich zu machen und beschließt gegen sie eine Reihe diskriminierender Maßnahmen: Er erteilt den Juden Versammlungsverbot und läßt ihre Synagogen und Schulen schließen mit der Begründung, sie dienten ihnen nur zur Vorbereitung der Flucht nach Israel. Ihre geistigen und religiösen Führer (Kessim) und Lehrer werden verhaftet und gefoltert, ihre heiligen Bücher und Schriften verbrannt. Allen Falaschas wird befohlen, auch am Schabbat zu arbeiten. Jeder Kontakt mit Ausländern, ob sie Touristen oder Diplomaten sind, wird ihnen untersagt und rigoros unter Strafe gestellt.

Infolge dieser Zwangsmaßnahmen kommen allein zwischen 1977 und 1984 nach zuverlässigen Berichten „mehrere Tausend" Falaschas ums Leben. Von diesem Holocaust an Äthiopiens Juden haben die westliche Welt und die Weltchristenheit durch die Massenmedien nichts erfahren.

Ein 30jähriger Bürgerkrieg tobt

Neben dem antisemitischen Terror leiden die ausgebeuteten und verfolgten Falaschas wie auch die anderen Völker Äthiopiens zwischen 1961 und 1991 unter einem furchtbaren Bürgerkrieg. Er stürzt die ganze Region am „Horn von Afrika" mit ihrer Bevölkerung in ein unvorstellbares Elend.

In verschiedenen Landesteilen erheben sich ethnisch-regionale Befreiungsbewegungen. Sie kämpfen gegen die zentralstaatliche Bevormundung der kaiserlichen Regierung in Addis Abeba. Dabei verfolgen sie eine Vielzahl unterschiedlicher Ziele.

1961 beginnt der Unabhängigkeitskampf in der äthiopischen Provinz Eritrea. Auch in den anderen Provinzen kommt es zum Aufruhr. Am 12.9.1974 wird Kaiser Haile Selassie I. durch einen Provisorischen Militärischen Verwaltungsrat (Derg) entmachtet. Im Februar 1977 tritt der moskauhörige äthiopische Oberst Menghistu an die Spitze der neuen Regierung. Er ist ein Zwitter aus Stalin und Hitler. Mit eiserner Hand regiert er nun den Vielvölkerstaat Äthiopien als „sozialistische Volksrepublik". 1988 erheben sich verschiedene demokratische Volksbefreiungsbewegungen gegen den „Roten Terror" und formieren sich zum bewaffneten Kampf gegen Menghistu und seine sozialistische Regierung. Seine Truppen werden zunehmend in verlustreiche Kämpfe verwickelt. Im Mai 1991 bricht sein marxistisch-leninistisches Regime zusammen.

Das „Armenhaus Afrikas"

Die Kriegseinwirkungen von 30 Jahren Bürgerkrieg durch moderne westliche Waffensysteme sowie durch Zerstörung und Plünderung einer marodierenden Soldateska stürzen das Land in den totalen Ruin. Sie berauben die Bevölkerung weithin ihrer gesamten Lebensgrundlagen. Die Bilanz ist verheerend: Hunderttausende von Kriegs- und Hungertoten, Verwundete und Kriegsverstümmelte, Voll- und Halbwaisen. Weitere Hunderttausende von Entwurzelten im eigenen Land und von Flüchtlingen in Nachbarländern. Hinzu kommen materielle Verluste in mehrstelliger Milliardenhöhe und nicht abzuschätzende soziologische und sozialpsychologische Schäden. Schließlich schlimme Umweltbelastungen mit nicht abzusehenden Langzeitfolgen. Außerdem wüten in den Jahren 1972/73, 1980 und 1984/85 drei furchtbare Hungerkatastrophen. Sie haben geradezu biblische Ausmaße. So daß das Bürgerkriegsland Äthiopien bis heute das „Armenhaus Afrikas" ist und zugleich eines der rückständigsten Länder der Dritten Welt.

Davon hat sich das zerschundene Land mit seiner Bevölkerung bis heute nicht erholt. Die unbeschreibliche Armut ist überall gegenwärtig. Meine Frau und ich haben uns bei unserem Aufenthalt in Äthiopien davon selbst überzeugen können. Das jährliche Pro-Kopf-Einkommen liegt bei nur 120 US Dollar (ca. 200 DM). Daran wird sich auch bis zur Jahrtausendwende kaum etwas ändern. Die Menschen haben zwar das Nötigste zum Leben, sofern sie Selbstversorger sind und ihre Grundnahrungsmittel selbst anbauen und eigenes Vieh halten. Aber alles was Geld kostet und gekauft werden muß, ist für die meisten unerschwinglich. Deshalb fehlen auch weithin die Konsumgüter und Techno-Produkte der westlichen Welt. Und das in einem Land, das andererseits von den eigenen Leuten mit modernsten Waffen europäischer und amerikanischer Rüstungsfirmen ins Mittelalter zurückgebombt wurde. Doch die reichen Industriestaaten der Welt, die daran kräftig verdient haben, und die derzeitige äthiopische Regierung können oder wollen an diesem weiterhin bestehenden miserablen Zustand von Armut und Rückständigkeit in einem der ältesten Staaten Afrikas nichts ändern.

Hilferufe an die „weißen Brüder" in Israel

Unter der Diskriminierung und Verfolgung, unter dem schrecklichen Bürgerkrieg und dem nicht enden wollenden Hunger leiden in jenen Jahren auch besonders die Falaschas. Ihr Verlangen wird deshalb immer stärker, Äthiopien zu verlassen und in das Land, das Gott ihren Glaubensvätern verheißen hat, auszureisen. Nur, sie wissen nicht, wann und wie dies geschehen könnte.

Sie schicken deshalb, wann immer sie Gelegenheit dazu haben, Hilferufe nach Israel und an seine politischen und religiösen Führer mit der Bitte:

„Brüder, betet für uns und vergeßt uns nicht! Holt uns heim nach Zion!"

Ihre Hilferufe verhallen nicht. Weder bei Gott noch bei den Repräsentanten des jüdischen Staates und des Weltjudentums. Denn schon seit langem hat Gott ihnen und allen anderen Juden, die leiden, verheißen:

„Dein Erlöser ist der Heilige Israels… Er hat Zion gegründet, und hier werden die Elenden seines Volkes Zuflucht finden" (Jesaja 54,5; 14,32).

Die israelische Regierung entschließt sich deshalb endlich, die vom jahrzehntelangen Bürgerkrieg gezeichneten und vom Hungertod bedrohten schwarzen Kinder Israels aus Äthiopien zu retten – „koste es, was es wolle!"

Die Vorbereitungen dazu laufen bald unter strengster Geheimhaltung auf Hochtouren...

„Operation Mose"

„Wir wollen Jerusalem sehen!"

Ende der siebziger Jahre sendet die israelische Regierung erstmals gezielt Sendboten jüdischer Organisationen nach Äthiopien. Die meisten von ihnen sind Falaschas. Ihnen war bereits in den Jahren zuvor die Ausreise nach Israel geglückt. Sie sind inzwischen in Israel ausgebildet worden, um nun als „Touristen" oder „Stipendiaten" getarnt die Rettung ihrer Brüder und Schwestern aus Äthiopien vorzubereiten.

In kleinen Teams durchziehen sie die Provinzen Gondar und Tigre, wo die meisten äthiopischen Juden leben, und verkünden in den Dörfern der Falaschas die Botschaft: „Die Zeit ist gekommen für eure Heimkehr nach Jerusalem. Der Weg dorthin führt über den Sudan nach Khartum. Von dort werdet ihr mit Flugzeugen nach Israel gebracht."

Die Nachricht ihrer schwarzen Brüder und Schwestern aus dem Gelobten Land stößt bei ihnen auf offene Ohren und Herzen. Wer von ihnen wollte nicht nach Jerusalem, der Heiligen Stadt, die „auf dem Berge liegt" und „dem Himmel nahe" ist? Ist sie doch das Herz des Volkes und Staates Israel und zugleich das geistige und geistliche Zentrum aller Juden. Denn hier ist Gott zu Hause. Sie ist deshalb das Ziel ihrer Freuden und Schmerzen, ihrer Sehnsüchte und Wünsche, ihrer Vorstellungen und Hoffnungen. Ständig leben sie in der Erwartung, daß sich für sie wie für alle anderen ihrer Glaubensbrüder und -schwestern eines Tages Gottes Verheißung erfüllt:

„Deine Augen werden Jerusalem sehen!" (Jesaja 33,20)

Ein alter Mann sagt später auf die Frage, warum er den Sendboten aus Jerusalem Glauben schenkte und sich nach Israel aufmachte:

„Es steht doch schon in der Tora, daß wir nach Jerusalem kommen werden. Deshalb kamen eines Tages Männer aus Jerusalem. Sie erzählten uns, wenn wir in den Sudan gingen, gäbe es dort einen Weg nach Jerusalem. Ich habe mich mit den anderen in unserem Dorf beraten. Daraufhin haben wir zwei junge Männer von uns geschickt, um den Weg nach Jerusalem zu suchen, damit sie uns dann führen könnten. Viele Monate haben wir von ihnen nichts gehört. Eines Tages kamen dann wieder Männer in unser Dorf. Sie brachten uns Briefe mit. Darin stand, daß unsere jungen Männer das heilige Jerusalem erreicht hätten. Und auch wir könnten es nun erreichen. Wir sollten uns nur auf den Weg machen. Inzwischen hatten wir schon viel von Israel gehört: daß es ein mächtiger, starker Staat ist, daß er Kriege führt, wie unsere Vorfahren auch Kriege geführt haben und daß Israel diese Kriege gewinnt. Und wie die vielen weißen Juden, die in Israel leben, wollen auch wir dort in Frieden leben wie die anderen, die Kinder Abrahams, Moses und Salomos sind!"

Viele der Falaschas beschließen, Äthiopien zu verlassen. Dies fällt ihnen um so leichter, weil der tägliche Kampf ums Überleben, die ständigen Repressalien der Militärbehörden, der nicht enden wollende Bürgerkrieg und der täglich beißende Hunger ihnen keine andere Lebensperspektive offen lassen.

1.000 Kilometer barfuß durch die Hölle

Anfang 1977 machen sich die ersten Falaschas auf in den Sudan. Zunächst in kleinen Gruppen. Bald sind es jeden Tag mehrere Hundert, mitunter ganze Dorfgemeinschaften. Sie lassen alles zurück: Ihre Hütten, ihr Vieh, ihre wenigen Sachen, die sie besitzen. Was sie mitnehmen, sind ihre letzten

Nahrungsmittel: Fladenbrot, etwas Weizen, Gewürze, ein paar Früchte. Außerdem einige Medikamente gegen Typhus und Malaria, sofern sie solche haben. Und schließlich stecken sie ein paar Geldscheine (Birr) ein, die sie sich gespart haben. Die jungen Mütter tragen ihre Babies auf dem Rücken, die Männer ein zusammengeknotetes Bündelchen mit wenigen Habseligkeiten auf einem Stock über der Schulter und die „Kessim" die heiligen Schriften unter dem Arm. So beginnt ihr Exodus aus Äthiopien. Gleichzeitig fliehen mit ihnen Tausende anderer Äthiopier in Richtung Sudan, um dem Bürgerkrieg und Hungerelend zu entkommen.

Doch der Weg in den Sudan ist weit. Von Gondar zur sudanesischen Grenze sind es 220 km. Von Aksum rund 500 km. Und von der Grenze zur sudanesischen Hauptstadt Khartum sind es dann noch einmal 500 km. Es gibt nur zwei Straßen dorthin, die für die Flucht der Falaschas in Frage kommen. Es sind Schotterstraßen, die sich in einem miserablen Zustand befinden. Für ihren Transport gibt es weder Jeeps noch Lastwagen, nur wenige Ochsenkarren, die aber eher hinderlich sind als hilfreich. Das heißt im Klartext: Es steht den Flüchtenden ein mehr als 1.000 km langer schwieriger Fußmarsch bevor, über 3000 m hohe Pässe, durch tiefe Geröllschluchten, reißende Gebirgsbäche und endlose Wüsten, der Wochen, ja Monate dauern wird.

Die meisten von ihnen müssen außerdem den Weg barfuß zurücklegen, weil sie keine Schuhe haben. Sie haben nur wenig zum Essen bei sich. Schutzlos sind sie den Naturgewalten ausgeliefert. Ständig werden sie bedroht von einer unberechenbaren Soldateska und von raubenden und mordenden Banditen und Dieben (Shiftas). Wiederholt geraten sie zwischen die Fronten des Bürgerkriegs. Ihre Flucht unter geradezu unmenschlichen Strapazen und Bedingungen gleicht einem Marsch durch die Hölle. Viele sterben unterwegs an Hunger, Entkräftung und Krankheiten wie Ruhr und Malaria. Am Wegrand werden sie begraben. Ihre Grabstätte wird bald niemand wiederfinden.

Über das Drama der Flucht und die damit verbundenen Strapazen und Leiden berichtet eine junge Falascha-Frau:

„Als ich mein Dorf verließ, um nach Israel zu gelangen, war ich fünfzehn Jahre alt. Ein Falascha war in unser Dorf gekommen und hatte den Ältesten gesagt, wir könnten nach Israel wandern. Wir hielten eine Versammlung ab, und die Dorfältesten berichteten uns, was sie erfahren hatten. Sie sagten, es stehe in unseren heiligen Schriften geschrieben, daß wir eines Tages nach Israel gehen sollten und daß dieser Tag nun gekommen sei.

Ich machte mich mit meinen Brüdern und Schwestern und einigen Freunden auf den Weg. Mein Bruder hatte Malariatabletten aus dem Krankenhaus in Gondar mitgebracht. Wir hatten Wasser in Plastikkanistern dabei und einen Vorrat an Fladenbrot. An Kleidung hatten wir nichts weiter als den ‚shammak' (langes Hemd, Kleid), den wir am Leibe trugen. Um ein Uhr morgens verließen wir unser Dorf in den Semyen-Bergen und stahlen uns davon wie Diebe. Wir marschierten zwei Nächte, tagsüber schliefen wir. Am zweiten Morgen spürten uns die Soldaten auf und brachten uns mit dem Lastwagen in ihr Lager. Wir wurden von einem Offizier verhört, und meine Brüder wurden geschlagen. Die Soldaten wollten mich haben, doch das ließ der Offizier nicht zu. Man warf uns vor, wir seien zionistische Spione, unterwegs auf der Flucht nach Israel. Wir erklärten ihnen, wir seien unterwegs auf der Suche nach Arbeit. Doch sie glaubten uns nicht. Wir wurden ins Gefängnis gesperrt und mußten sechs Monate dort bleiben. Wir wurden alle gefoltert, doch meinen Brüdern erging es noch schlimmer. Als wir aus dem Gefängnis entlassen wurden, wurden wir in unser Dorf zurückgebracht. Wir blieben dort drei Wochen, doch dann beschlossen wir, es erneut zu versuchen. Diesmal trafen wir unsere Vorbereitungen noch sorgfältiger.

Unsere Eltern wollten mitkommen. Doch man hatte sie gewarnt vor dem schwierigen Weg und daß viele gestorben seien. Sie beschlossen zurückzubleiben, trugen uns aber auf, nach Jerusalem zu gehen. Sie gaben uns ihren Segen und sagten, daß Gott uns beschützen würde. Als wir aufbrachen, schien kein Mond. Mein Vater begleitete uns bis zum nächsten Dorf. Dann kehrte er nach Hause zurück.

Diesmal war unsere Gruppe größer, weil sich alle Jüngeren aus unserem Dorf entschlossen hatten, mitzukommen. Ein paar Ältere waren auch dabei. Als wir uns auf den Weg machten, waren wir achtundzwanzig. Wir waren drei Nächte unterwegs und machten dann Rast in einem Falaschadorf. Die meisten jungen Leute hatten dieses Dorf bereits verlassen. Und die Älteren hatten beschlossen, in der nächsten Woche aufzubrechen. Sie schlachteten Hühner und machten uns etwas Gutes zu essen. Am nächsten Tag wurden wir von Soldaten erwischt, die die Männer schlugen und zwei von den Mädchen noch andere Dinge antaten. In der Nacht konnten wir dann fliehen.

Wir marschierten ungefähr eine Woche lang. Für einen Teil des Weges hatten wir einen christlichen Führer, der uns den Pfad über die Berge zeigte. Doch er verließ uns wieder. Am nächsten Tag fielen wir Shiftas (äthiopischen Banditen) in die Hände. Die Männer wollten kämpfen. Aber sie hatten ja keine Gewehre. Die Shiftas drohten damit, uns zu töten. Doch wir flehten sie an, das nicht zu tun. Und so nahmen sie uns nur unsere Vorräte, unseren Schmuck, unsere Kleider und auch die Malariatabletten ab, die mein Bruder für uns mitgenommen hatte. Unsere Wasserkanister nahmen sie nicht.

Wir marschierten zehn weitere Tage. Die Älteren konnten nicht mehr weiter, und wir mußten sie zurücklassen. Sie sagten, sie wollten versuchen, ins Dorf zurückzukommen. Ich ließ meinen Onkel und meine Tante am Weg zurück. Wir mußten alle weinen. Einige von den Kindern starben unterwegs. Meine Schwester bekam ein Kind. Es wurde zu früh geboren und war sehr klein. Die Männer trugen sie eine Woche lang auf einer Bahre, bis sie wieder kräftig genug war, um zu laufen. Wir hatten kaum Wasser, und wir hatten kein Fladenbrot. Wir aßen Beeren, die wir am Weg fanden. Wir liefen barfuß. Einige von uns waren mit Schuhen an den Füßen aufgebrochen, doch die Shiftas hatten sie ihnen gestohlen.

Unsere Füße bluteten von den Steinen und Dornen. Wir hatten lange Stöcke, auf die wir uns stützten, um nicht zu fallen. Mein Bruder und sein Freund wurden krank und starben. Ich glaube, sie hatten Malaria. Doch mein Bruder war sehr schlimm geschlagen worden, und so war er sehr schwach. Wir mußten sie liegenlassen. Wir waren zu schwach, um sie zu beerdigen. Wir häuften Steine und Zweige auf die Leichname. Aber wir waren nicht fähig, sie angemessen zu bedecken. Wir waren am Verhungern."

Hilfe Gottes im Angesicht des Todes

Aber es gibt auch Menschen, die den flüchtenden Falaschas helfen und sie mit dem Nötigsten versorgen. Es sind Mitarbeiter jüdischer Hilfsorganisationen aus dem Ausland: Sozialarbeiter, Krankenschwestern, Ärzte u.a. Sie sind wie hilfreiche Engel, die Gott ihnen schickt. Ja, es gibt sogar äthiopische Beamte und Soldaten von diesseits und jenseits der Frontlinie, die freundlich und hilfsbereit sind und den Flüchtlingen Pässe und Passierscheine ausstellen oder sie durch die Bürgerkriegslinien schleusen.

Nach vielen Wochen und Monaten kommen immer mehr Falaschas über die Grenze in den Sudan. Sie werden von Helfern der Flüchtlingsorganisationen der Vereinten Nationen empfangen und in zahlreiche Lager rund um die sudanesische Hauptstadt Khartum gebracht. Dort befinden sich bereits 490.000 äthiopische Flüchtlinge der verschiedensten Volkszugehörigkeit. Zu ihnen kommen nun noch im Laufe der Zeit mehr als 20.000 Falaschas hinzu.

In den Flüchtlingslagern herrscht bitterste Armut, Hunger, Krankheit, Tod. Vieles erinnert an die Arbeits- und Todeslager (KZs) der Nazis. Nur daß sie dort nicht von Peinigern zu Tode geschunden oder einfach ermordet werden. Doch die Situation in den überfüllten Lagern gleicht nicht weniger einer Hölle auf Erden. Was den Falaschas aber auf ihrem Leidensmarsch durch die Hölle und auch hier in den Lagern Hoffnung und Durchhaltevermögen gibt, ist die Verheißung Gottes, die schon seit Jahrtausenden über allen leidenden Juden außerhalb des verheißenen Landes steht:

„Hör auf zu klagen und laß dein Weinen. Noch gibt es eine Hoffnung für deine Zukunft. Du und deine Kinder werden aus dem Land der Feinde zurückkehren. Ihr werdet viel Gutes zu erwarten haben, wenn ihr wieder in eurer Heimat seid" (Jeremia 31, 16f).

Doch noch ist es für die Falaschas nicht soweit. Noch hocken sie als elende Gestalten in den Flüchtlingslagern. Und der Tag ihrer Heimkehr nach Zion läßt auf sich warten. Viele werden bis dahin noch sterben, ohne jemals die Heilige Stadt Jerusalem gesehen zu haben.

Sudans islamischer Präsident riskiert Kopf und Kragen

Im Jahre 1977 beschließt erstmals die israelische Regierung unter Premierminister Menachem Begin eine Aktion zu starten, um die äthiopischen Juden aus dem Sudan herauszuholen und nach Israel zu bringen. Doch dann herrscht bald wieder ein großes Schweigen. Jahre vergehen, ohne daß sichtbar und erkennbar etwas Konkretes zu ihrer Rettung getan wird.

1983 berät das israelische Kabinett unter dem neuen Premier Shimon Peres über eine „große Lösung des Falascha-Problems". Jitzhak Schamir, der damalige stellvertretende Ministerpräsident, trifft sich daraufhin in Washington mit US-Außenminister George Schultz. Dabei bittet er die USA, Druck auf den sudanesischen Staatspräsidenten Numeiri auszuüben, durch eine „großzügige humanitäre Aktion" die Falaschas in den Flüchtlingslagern nach Israel ausreisen zu lassen. Bei dem Unternehmen müsse Israel aber unbedingt im Hintergrund bleiben, um nicht den Anschein zu erwecken, der sudanesische Präsident würde „mit den Zionisten gemeinsame Sache machen". Denn der Sudan ist ein streng islamischer Staat und außerdem Mitglied der Arabischen Liga. Würde also Numeiri die Falaschas offiziell ausreisen lassen, dann käme dies einem Hochverrat gleich. Die Verhandlungen zwischen den USA und Sudans Staatschef müßten also unter strengster Geheimhaltung stattfinden. Andernfalls würde er Kopf und Kragen riskieren.

Die Verhandlungen beginnen. Sie ziehen sich eine beträchtliche Zeit hin. Dann aber geschieht das Unfaßbare, das wie ein Wunder ist: Numeiri willigt ein. Er läßt sich aber seine „großzügige Geste" mit Millionen US-Dollar bezahlen. Wieviele es in Wirklichkeit sind, ist bis heute offiziell nicht bekannt. Man spricht aber von 260 Millionen. Einige Monate später muß Numeiri dafür bitter bezahlen: Im April 1985 wird er gestürzt und als „Hochverräter" verurteilt. Doch zuvor geschieht noch für Tausende von Falaschas das Wunder des Auszugs aus dem Sudan...

Der geheime Exodus aus dem Sudan

Die Vorbereitungen zur Rettung der äthiopischen Juden aus den Flüchtlingslagern im Sudan laufen inzwischen auf Hochtouren. Generalstabsmäßig wird alles bis ins kleinste geplant. Und was besonders wichtig ist: Alles muß unter strengster Geheimhaltung geschehen!

Politiker und Vertreter der Vereinten Nationen, der Jewish Agency (die für die Alija nach Israel zuständig ist), Sozialarbeiter, Ärzte, Krankenschwestern, Lehrer, Heimerzieher – sie alle schweigen. Die israelische Bevölkerung erfährt zunächst von dem bevorstehenden Ereignis nichts. Auch die Medien wissen nichts. Jede Indiskretion, jede offizielle Verlautbarung kann nämlich die Aktion gefährden und mit einem Schlag zunichte machen. Deshalb liegt in Israel auch die Losung in der Luft: „Sprich nicht über Äthiopien und nicht über die äthiopischen Juden im Sudan, sondern bete für sie!"

Am 21. November 1984 beginnt dann der Exodus der Falaschas aus dem Sudan. Er bekommt den Decknamen „Operation Mose" in Anlehnung an den Auszug der Kinder Israels vor 3200 Jahren aus Ägypten. Bis zum 17. Januar 1984 will man über eine geheime Luftbrücke „in aller Ruhe, alles unter strengster Geheimhaltung" 20.000 Falaschas aus den

Flüchtlingslagern bei Khartum evakuieren und heim nach Zion bringen.

Das ganze Unternehmen läuft ab wie ein Schweizer Präzisionsuhrwerk. Mit Zustimmung Numeiris und Duldung seiner Geheimpolizei Amnul Dawla werden die äthiopischen Juden unter falschem Vorwand aus den Lagern herausgeholt, um nicht einen Massenansturm der anderen Flüchtlinge auszulösen. Für einige Tage oder Wochen werden sie in Hotels, Heimen und anderen Herbergen untergebracht, registriert und für die Ausreise vorbereitet. Dann fahren sie Busse in der Dunkelheit der Nacht zum Flughafen der sudanesischen Hauptstadt. Auf einem sonst nicht benutzten Teil des Flughafengeländes parken die Maschinen, die sie ausfliegen werden. Der „Check-in" dauert nur wenige Minuten.

Jede Nacht starten jeweils zwei Flugzeuge. Es sind Maschinen der belgischen Chartergesellschaft TEA (Trans European Airways). Um das riskante und geheime Unternehmen durchführen zu können, muß es eben eine neutrale Luftverkehrsgesellschaft sein. Die Flugroute verläuft nicht direkt nach Tel Aviv, sondern mit „technischen Zwischenstops" (zum angeblichen Auftanken) meist über Basel, Rom und Athen. Um unmittelbar nach der Landung erneut zu starten und Kurs auf Tel Aviv zu nehmen. Damit will man jedem möglichen Verdacht vorbeugen, der die ganze Aktion plötzlich gefährden könnte.

Aber es werden auch Falaschas mit ganz regulären Linienmaschinen renommierter Fluggesellschaften wie Swissair, Air France und Alitalia ausgeflogen. Mitreisende Geschäftsleute sehen sich plötzlich in den meist halbleeren Maschinen der Gegenwart dunkelhäutiger Männer, Frauen und Kinder ausgesetzt, die Lumpen tragen und halb verhungert sind, und fragen sich, wie die wohl das Geld für die Flugtickets bezahlen können.

Vom 21. November 1984 bis zum 5. Januar 1985 werden so auf recht unterschiedliche Weise 8.000 Falaschas ausgeflogen. Andere sprechen sogar von 11.000. Dann „platzt" jedoch plötzlich das gesamte Unternehmen.

Obwohl bisher die „Operation Mose" unter strengster Geheimhaltung abläuft, werden durch unvorsichtige Äußerungen des leitenden Mitarbeiters der Jewish Agency, Yehuda Dominitz, und anderer Personen, die über die Rettung und Heimkehr der äthiopischen Juden ihre Begeisterung öffentlich nicht zügeln können, Einzelheiten der Aktion bekannt. Sie werden sofort durch israelische und internationale Medien weltweit verbreitet. Dies führt schließlich am späten Schabbat-Abend des 5. Januar 1985 „aus Sicherheitsgründen" zum vorzeitigen Abbruch der „Operation Mose". Der Flughafen von Khartum wird geschlossen. Tausende Falaschas müssen zurückgelassen werden.

Der Aufschrei der arabischen Welt

Die arabische Welt reagiert nach Bekanntwerden der „Operation Mose" mit Entsetzen und Empörung. Die Arabische Liga verurteilt die Luftbrücke als „einen Akt der Piraterie und rassischen Diskriminierung. Der zionistische Staat habe einmal mehr sein wahres Gesicht gezeigt." Der äthiopische Staatschef Menghistu wirft Israel vor, es „ködere die jüdisch-äthiopische Bevölkerung, um Äthiopien zu entvölkern."

Die Islamische Weltkonferenz (ICO) fordert die islamischen Staaten und die internationale Gemeinschaft auf, alles zu tun, um die Umsiedlung der schwarzen äthiopischen Juden zu beenden.

Aber auch den Sudan und seinen Staatschef Numeiri trifft der ganze Zorn der arabischen Welt. Die kuwaitische Zeitung „Al rai al A'm" schreibt: „Der Schmuggel äthiopischer Juden über den Sudan ... ist eine erneute Niederlage der arabischen Nation."

Libyens Diktator Gaddafi bezichtigt Numeiri des Verrats an der arabischen Sache.

Die Demokratische Front für die Befreiung Palästinas bezeichnet Numeiri sogar als „Verräter" und „Komplize des internationalen Zionismus".

In dasselbe Horn stoßen auch die Mullahs im Iran. Gleichzeitig beschuldigen sie die USA als „Erfüllungsgehilfen bei einem zionistisch-imperialistischen Komplott".

Der israelische Staatspräsident Chaim Herzog nimmt den Aufschrei der arabischen Welt zum Anlaß, die heuchlerischen Aussagen der arabischen Staatsmänner mit scharfen Worten zurückzuweisen:

„Ein ungeheurer Abgrund trennt uns von jenen Staatsmännern der arabischen Welt, die noch nie einen Finger gerührt haben, um ihren in Flüchtlingslagern dahinvegetierenden Angehörigen zu helfen. Dagegen hat Israel Hunderttausende jüdischer Flüchtlinge aus arabischen Ländern aufgenommen und wird alles tun, um auch den äthiopischen Juden zu helfen."

Dann äußert sich Herzog lobend über die „großartige Aktion der ‚Operation Mose'", wie sie bisher abgewickelt worden sei.

„Moses kleine Schwester"

Trotz des Aufschreis der arabischen Welt verhandelt Washington hinter verschlossenen Türen weiter mit Khartum, um die noch im Sudan verbliebenen Falaschas freizubekommen. Israel bleibt dabei diskret im Hintergrund.

Schließlich erreichen die Amerikaner, daß „im Zuge der Familienzusammenführung" weitere äthiopische Juden aus dem Sudan ausgeflogen werden können. Eine neue Rettungsaktion beginnt. Sie trägt den Decknamen „Operation Saba". Damit wird an die Königin von Saba erinnert, die einst über Südarabien und Äthiopien regierte, und von der – wie bereits ausführlich geschildert – nach einer Liebesromanze mit dem israelitischen König Salomo die äthiopischen Juden abstammen (sollen). Die „Operation Saba" ist jedoch weit kleiner und weniger spektakulär als die vorausgegangene „Operation Mose". Deshalb bezeichne ich sie auch als „Moses kleine Schwester".

In der Nacht vom 28. zum 29. Mai 1985 wird sie „tätig".
Auf der Air-Base des US-Militärflughafens Rhein-Main
bei Frankfurt starten sechs Turbo-Prop-Maschinen vom Typ
130 C der amerikanischen Luftwaffe. Sie sind mit einem sand-
braunen Tarnanstrich versehen und nehmen Kurs auf den
Sudan. Nach etwa sieben Stunden Flug landen sie in der Nähe
des kleinen Ortes al-Quadrif auf einer geschotterten Wüsten-
piste. Der Ort liegt etwa auf halbem Weg zwischen dem äthiopischen Gondar und der sudanesischen Hauptstadt. Tausende
von Falaschas sind auf ihrem Treck in die erhoffte Freiheit hier
durchgezogen. Innerhalb weniger Minuten nehmen die Maschinen 800 äthiopische Juden an Bord. Andere Berichte sprechen sogar von 1.200 und mehr. Wer zählt in jenen Tagen schon
die genaue Zahl? Hauptsache, sie werden gerettet. Und es
klappt. Sie fliegen direkt ins Gelobte Land und landen auf
dem Ben Gurion-Flughafen bei Tel Aviv. Dann ist die „Operation Saba", Moses kleine Schwester, beendet.

Zwischen angstvoller Sorge und neuer Hoffnung

Die Bilanz: Von den 1984/85 in sudanesischen Flüchtlingslagern lebenden 20.000 Falaschas werden insgesamt mehr als
8.000 gerettet. Die meisten von ihnen kehren in Lumpen
gehüllt, an Leib, Seele und Geist krank und dem Hungertod
nahe, heim nach Israel.

Etwa 4.000 sterben auf dem Weg in den Sudan und in den
dortigen Flüchtlingslagern.

Seit 1985 gelangen weitere Hunderte von Juden – meist in
kleinen Gruppen – aus dem Sudan ins Verheißene Land oder
kehren nach Äthiopien zurück, wo noch immer eine große
Anzahl von Falaschas lebt – in der Hoffnung, irgendwann
doch noch die heilige Stadt Jerusalem zu sehen.

Wird für sie eines Tages auch die Stunde der Erlösung
schlagen, die Stunde Gottes? Gewiß! Bald nach Beendigung
der „Operation Mose" und der „Operation Saba" versichert
Israels Ministerpräsident Shimon Peres vor dem israelischen
Parlament (Knesset):

„Wir sind ein Volk. Darum wird der Staat Israel nicht eher ru-
hen, bis alle Brüder und Schwestern aus Äthiopien sicher bei
uns zu Hause sind. Niemand außer unser Volk muß dafür den
Preis bezahlen. Deshalb besser eine Alija mit Sorgen als
keine Alija."

Nur wenige Wochen nach der „Operation Mose" und der
„Operation Saba" beginnt Israel mit den Vorbereitungen zu
einer neuen, noch größeren Luftbrücke, um weitere Tausende
von Falaschas aus dem von Bürgerkrieg und Hunger heimgesuchten Äthiopien herauszuholen. Sie wird allerdings noch
schwieriger, riskanter und spektakulärer, aber vor allem erfolgreicher sein als alle bisherigen Rettungsaktionen. Bis dahin werden aber noch fast sechs Jahre vergehen.

„*Operation Salomo*"

Saddam Husseins „Scud"-Raketen auf Tel Aviv

Das Jahr 1991 ist für den erst 43 Jahre jungen Staat Israel und seine jüdische Bevölkerung ein Jahr besonderer Ereignisse.

Am 15. Januar um 0.40 Uhr (MEZ) beginnt am Persischen Golf die militärische „Operation Wüstensturm" zur Befreiung Kuwaits.

Der irakische Aggressor Saddam Hussein hatte einige Monate vorher das kleine Ölscheichtum völkerrechtswidrig besetzt und als eine weitere Provinz seinem Land zwischen Euphrat und Tigris einverleibt. Alle diplomatischen Bemühungen, dies rückgängig zu machen, waren gescheitert.

Unter der Führung der USA wird daraufhin eine multinationale Streitmacht aufgestellt, an der sich 30 Staaten beteiligen, um das Militärregime in Bagdad in die Knie zu zwingen und Kuwait zu befreien. Neben einer großen Zahl von Panzern und Artilleriegeschützen werden vor allem hochmoderne Kampfflugzeuge eingesetzt, die von saudi-arabischen Militärbasen starten. Zum ersten Mal tobt im High-Tech-Zeitalter ein Großkrieg mit Radar, Raketen und „intelligenten" Bomben. Bagdad und andere irakische Städte erleben die Hölle auf Erden und versinken zum Teil im elektronischen Bombenhagel.

In diesen Krieg wird wider Willen auch Israel mit hineingezogen. Denn Saddam Hussein ist einer der schlimmsten

Feinde Israels. Schon lange ist sein wiederholt erklärtes Ziel: „Palästina und Jerusalem vom Zionismus zu befreien". Darum bringt er auch unmittelbar nach seinem Überfall auf Kuwait gegenüber Journalisten unverhohlen zum Ausdruck: „Israel ist und bleibt unser Todfeind. Das Endziel unserer Politik ist der Jihad (Heilige Krieg). Dabei werden wir Israel vernichten – und sei es mit Giftgas!"

Daß es ihm damit bitterernst ist, stellt er unmittelbar danach unter Beweis. In den frühen Morgenstunden des 18. Januar läßt der irakische Diktator die ersten mit Hilfe von deutschen Technikern und ihrem Know-how gebauten „Scud"-Raketen auf israelische Städte und ihre wehrlose Bevölkerung abfeuern. Bis zum 22. Januar werden es bei drei Salven insgesamt 40 Raketen sein. Die Raketenköpfe sind jedoch zum Glück nicht mit Giftgas gefüllt, wie Saddam angedroht hatte, sondern mit konventionellem Sprengstoff. Die meisten Raketen explodieren im Großraum von Tel Aviv und bei Haifa. Dagegen fällt – welch ein Wunder! – keine einzige auf Jerusalem. Israel erlebt damit den 6. Krieg innerhalb von 43 Jahren. Dabei werden 4 Menschen getötet, über 300 verletzt und 3.000 Häuser mit 11.700 Wohnungen zerstört. Bis zum Ende des Golfkrieges ist nun die Gasmaske die ständige Begleiterin eines jeden Israeli. Gleichzeitig reißt der Alptraum von den Gaskammern in Auschwitz bei Zehntausenden von jüdischen Holocaustopfern erneut kaum verheilte seelische Wunden auf.

Die „friedliche Invasion" der Russen

Während bei der „Operation Wüstensturm" am Golf viele Menschen getötet, unvorstellbare materielle Werte zerstört und riesige ökologische Schäden angerichtet werden, erlebt Israel zur selben Zeit eine „friedliche Invasion" von Juden aus der Sowjetunion. Tag für Tag kommen auf „Adlers Flügeln" über Polen, Ungarn, Rumänien und Finnland Juden in großer Zahl aus Gorbatschows Riesenreich und landen mit El Al-Flugzeugen oder Chartermaschinen anderer Flugge-

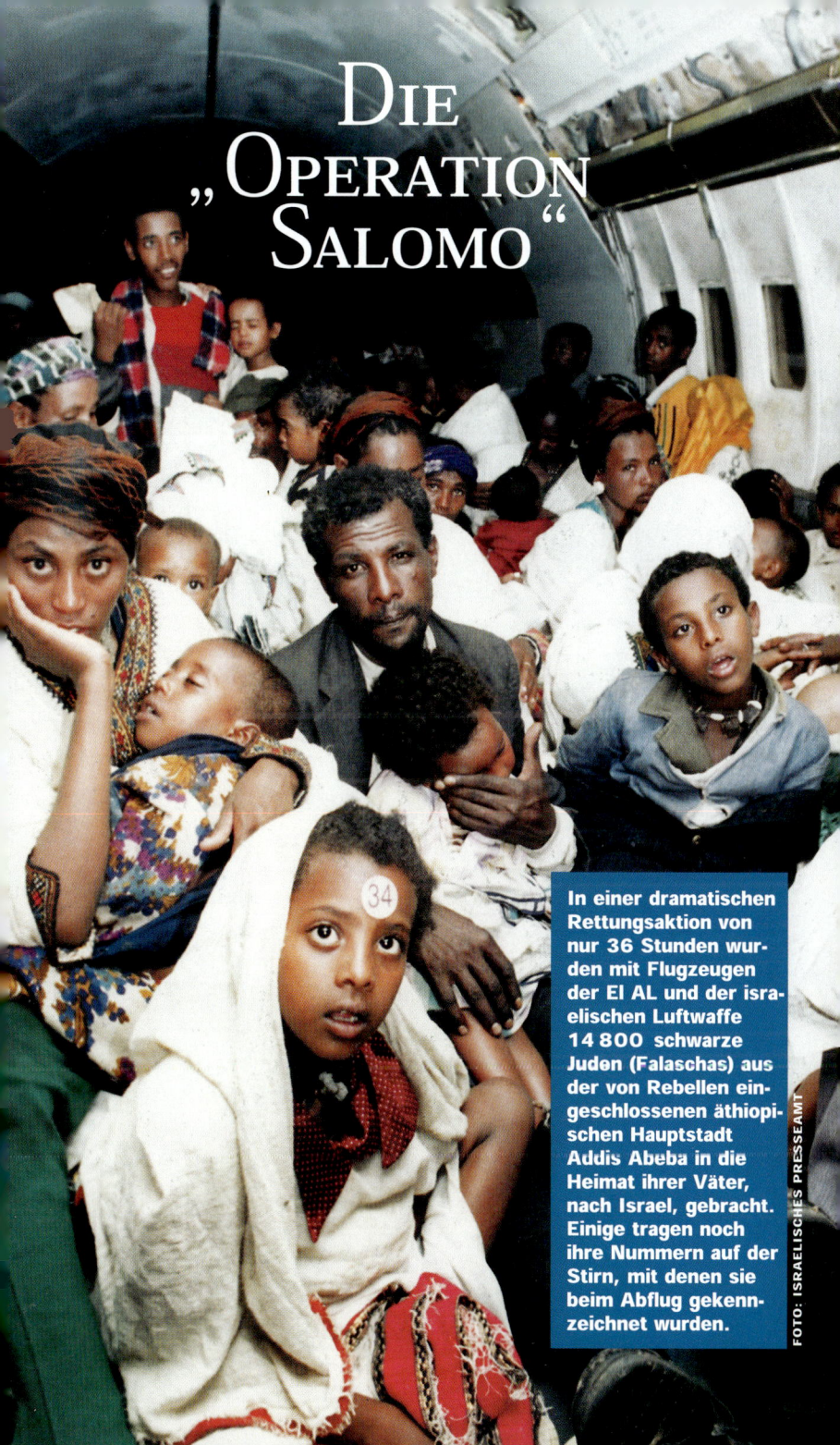

DIE „OPERATION SALOMO"

In einer dramatischen Rettungsaktion von nur 36 Stunden wurden mit Flugzeugen der El AL und der israelischen Luftwaffe 14 800 schwarze Juden (Falaschas) aus der von Rebellen eingeschlossenen äthiopischen Hauptstadt Addis Abeba in die Heimat ihrer Väter, nach Israel, gebracht. Einige tragen noch ihre Nummern auf der Stirn, mit denen sie beim Abflug gekennzeichnet wurden.

FOTO: ISRAELISCHES PRESSEAMT

Tausende von äthiopischen Juden haben sich vor der israelischen Botschaft in Addis Abeba zusammengefunden, um in Bussen zum Flughafen gebracht und nach Israel ausgeflogen zu werden. Ein Reporter: „Es sah aus wie der Auszug aus Ägypten!"

FOTO: ISRAELISCHES PRESSEAMT

FOTO: ISRAELISCHES PRESSEAMT

FOTO: ISRAELISCHES PRESSEAMT

Die Kinder Salomos werden zu den Flugzeugen geleitet. Damit die Großfamilien in Gruppen zusammenbleiben, hat man sie mit einem Seil umgeben.

FOTO: ISRAELISCHES PRESSEAMT

In den meisten Flugzeugen wurden vorher die Sitze entfernt, um möglichst vielen Platz zu schaffen. In einem Jumbo-Transportflugzeug 747 saßen 1087 Einwanderer zusammengedrängt zu einem „menschlichen Teppich" auf dem Boden – ein absoluter Weltrekord.

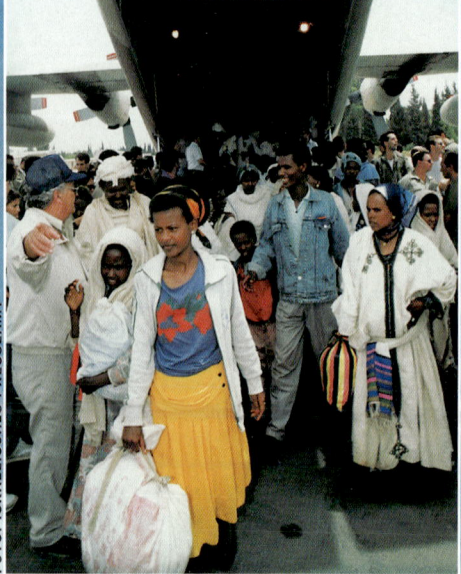

Endlich in der neuen Heimat:
Gezeichnet von Strapazen und Entbehrungen, aber glücklich, betreten sie das Land ihrer Sehnsucht und Träume. Viele küssen den Boden des Heiligen Landes.

Eine völlig geschwä... te alte Frau wird n... der Landung auf ... Ben Gurion-Flugha... bei Tel Aviv zur An... lanz getragen. Abe... gibt auch freu... Ereignisse: Währ... der Flüge nach Is... werden 10 schwa... jüdische Babys gebo...

FOTO: ISRAELISCHES PRESSEAMT

4X-EAA   BOEING 767

**Auf dem Flug von Addis Abeba über-
flogen die israelischen Maschinen kein
einziges arabisches Land.**

FOTO: ISRAELISCHES PRESSEAMT

Die „Operation Salomo" brachte sie vor wenigen Wochen nach Israel. Jetzt verbringen die Einwanderer aus Äthiopien zum erstenmal die Hohen Feiertage im Land.

Ein Armeerabbiner, der schon vor Jahren aus Äthiopien einwanderte, informiert sie, wie man in Israel die biblischen Feste feiert. Sie alle hoffen auf ein glückliches neues Jahr 5752.

„Euch, meine Söhne
und Töchter, hole ich
aus dem Süden ... und
bringe euch heim ins
Land Israel."
(Nach Jesaja 43,6 und
Hesekiel 37,12)

sellschaften auf dem Ben Gurion-Flughafen bei Tel Aviv. Innerhalb von 12 Monaten werden es mehr als 250.000 jüdische Immigranten aus der Sowjetunion sein.

Vor der Presse sagt Israels Ministerpräsident Jitzhak Schamir:

„Wir haben mit den Sowjetbehörden gerungen: Laßt unser Volk ziehen! Nun lassen die Sowjets unsere Leute in immer größerer Zahl ausreisen. Ihr Ziel ist ‚Shivat Zion‘, die Heimkehr nach Zion. Sie wird ein Segen vom Himmel sein."

So meint denn auch ein jüdischer Neueinwanderer, nachdem er bei seiner Ankunft auf dem Flughafen bei Tel Aviv den Boden des Heiligen Landes geküßt hat, mit Tränen der Freude in den Augen:

„Wer Zion betritt, betritt ein Gotteshaus!"

Das jüdische Volk erlebt in jenen Wochen und Monaten die Wahrheit der biblischen Verheißung, daß „die Augen des Herrn das ganze Jahr über auf das Land Israel schauen und darauf achthaben" (5. Mose 11,12). Vor allem aber erlebt und stärkt die Bevölkerung die Erfüllung der Zusage Gottes:

„Israel, fürchte dich nicht! Denn ich bin bei dir... Ich will deine Kinder sammeln... und zum NORDEN (=Sowjetunion) sagen: Gib her!" (Jesaja 43,1–7)

Und wieder können weder Ideologien noch Mächte und Machthaber Gottes Willen verhindern. Was Israels erster Ministerpräsident David Ben Gurion am 14. Mai 1948 bei der Proklamation des Staates Israel sagte, erfüllt sich 1991 aufs neue:

„Wenn die Zeit erfüllt ist, kann Gott nichts widerstehen!"

Die Heimkehr von sowjetischen Juden noch vor dem Zusammenbruch des Kommunismus wird deshalb in jenen Tagen, Wochen und Monaten von vielen Juden und Christen als ein

„Wunder Gottes" gefeiert und als ein bedeutendes „messianisches Zeichen" gepriesen. Israels Oberrabbiner Shlomo Goren kommentiert deshalb das Geschehen mit den Worten:

„Die Masseneinwanderung der Juden in diesen Tagen ist eines der wichtigsten Zeichen der beginnenden Erlösung Israels und der Welt. Es ist größer und bedeutender als der apokalyptische Aufmarsch der Völker am Golf."

Aufbruch nach Addis Abeba

Während weiterhin Tag für Tag Juden in großer Zahl aus der Sowjetunion nach Zion heimkehren, bereitet Israel eine neue gewaltige Luftbrücke vor zur Heimführung der noch in Äthiopien lebenden Falaschas. Sie erhält den Decknamen „Operation Salomo" und unterliegt strengster Geheimhaltung, verläuft aber ebenso friedlich wie die Heimkehr der sowjetischen Juden.

Bereits viele Monate zuvor sind in den Dörfern des zentralen Berglandes von Äthiopien, besonders in den Provinzen Gondar und Tigre, den traditionellen Wohngebieten der Falaschas, erneut „schwarze und weiße Engel" der Jewish Agency unterwegs, um die Kinder Salomos hinter vorgehaltener Hand für die Alija nach Zion zu bewegen. Überall stoßen sie auf offene Ohren und Herzen. Und nach kurzer Beratung mit den Familienangehörigen und Gemeindeältesten der Beta Israel sind sie fest entschlossen, ihrer alten Heimat den Rücken zu kehren. Keiner will zurückbleiben.

Tag für Tag machen sich nun immer mehr auf den beschwerlichen Weg. Von einem inneren Ruf gezogen und im Rücken die vorwärts stürmenden Soldaten der verschiedenen „Befreiungsarmeen" fliehen sie. Diesmal aber nicht wie 1984/85 in Richtung Sudan nach Khartum, sondern nach dem Süden in die äthiopische Hauptstadt Addis Abeba. Von dort hoffen sie, baldmöglichst nach Israel ausgeflogen zu werden.

Addis Abeba (amharisch: Addis Ababa) liegt auf einer Höhe von 2.420 m. Es ist eine „grüne" Stadt mit üppiger Vegetation. Deshalb heißt sie auch nicht von ungefähr „Neue Blume". Sie ist seit 1889 die Hauptstadt des neuen Äthiopien, nachdem Kaiser Menelik II (1844–1913) einige Jahre zuvor durch die Errichtung einer Residenz sowie von Häusern pensionierter Soldaten dafür den Grundstein gelegt hat.

Mit Beginn der neunziger Jahre des 20. Jh. wird die „Neue Blume" für immer mehr Äthiopier zur „Stadt der Hoffnung". Sie rechnen damit, hier bessere Arbeits- und Lebensbedingungen zu finden als auf dem Land. So daß in wenigen Jahren ihre Einwohnerzahl von 500.000 Anfang 1991 auf über drei Millionen im Jahre 1996 steigt. Aber auch die Elendsviertel werden größer und zahlreicher. Auf den Straßen der Hauptstadt findet sich ein nie dagewesenes soziales und wirtschaftliches Elend. Es gibt Probleme über Probleme. Die „Neue Blume" welkt alsbald dahin ... Die Stadt mit ihren zahllosen Wellblechhütten und Bretterbuden verkommt zusehends. Die meisten ihrer Bewohner versinken in bitterster Armut und Hoffnungslosigkeit.

Diese „Stadt ohne Hoffnung" soll nun für Zehntausende von Falaschas zur „Stadt der Rettung" werden. Und dies unmittelbar vor dem totalen Zusammenbruch eines totalitären Regimes, das von hier aus 17 Jahre lang das ganze Land ins Chaos stürzte. Aber Israels Politiker sind davon überzeugt, daß es mit Gottes Hilfe und menschlichem Können und Wissen gelingen wird, ihre schwarzen Kinder aus der Hölle in Äthiopien zu retten.

Für die Ankunft der Falascha-Flüchtlinge in Addis Abeba sind inzwischen alle nur möglichen Vorbereitungen getroffen worden. Die Jewish Agency hat eine Vielzahl von Hütten, Baracken, Hotels und Schulen angemietet und mehrere Sammellager eingerichtet, sogar auf dem Gelände der israelischen Botschaft. Dort werden die Ankommenden untergebracht. Bei der großen Zahl anderer, nichtjüdischer Flüchtlinge, die sich in der Hauptstadt aufhält, fällt dies gar nicht besonders auf. Die Falaschas leben wie sie auf engstem Raum und unter schlimmsten hygienischen Bedingungen. Für jeden steht oft noch nicht einmal ein Quadratmeter „Wohnfläche" zur Verfügung. Aber sie erhalten wenigstens Mehl, Zucker,

Salz und einige weitere Lebensmittel. Keiner braucht zu hungern. Ein Vorzug, den die meisten anderen Flüchtlinge nicht haben. Außerdem werden sie von weißen und schwarzen Ärzten und Krankenschwestern aus Israel medizinisch versorgt. Die Kleinkinder werden in speziellen Kindergärten betreut. Die schulpflichtigen Kinder erhalten von jüdisch-äthiopischen Lehrern Unterricht in Hebräisch, Amharisch, Jüdischer Religion und Mathematik. Und die Erwachsenen werden in speziellen „Schulungskursen" für die Ausreise nach Israel vorbereitet. Dabei wird ihnen eingeschärft, sich in der Öffentlichkeit weitgehend still und unauffällig zu verhalten und über ihren wahren Aufenthalt in Addis Abeba niemandem etwas zu sagen. Außerdem sollen sie sich jederzeit bereithalten für den plötzlichen Aufbruch. Doch dieser Tag wird noch etwas auf sich warten lassen...

2.000 US-Dollar als „Kopfgeld" für jeden Juden oder Waffen

Schon in den achtziger Jahren versucht die Regierung in Jerusalem, die äthiopischen Juden nach Israel zu holen. Doch der äthiopische Diktator Menghistu läßt sie nicht ausreisen, weil sie Zionisten sind. Ähnlich wie es einst Pharao und andere juden- und israelfeindliche Despoten in der Vergangenheit taten. Darum betrachtet er sie als willkommene „Handelsware". Er will sie nur ziehen lassen, wenn er für jeden einzelnen von Israel oder den USA ein „Kopfgeld" von 2.000 US-Dollar bekommt, um Waffen kaufen zu können. Denn er braucht dringend Waffen aus dem Ausland, um seinen schmutzigen Krieg gegen die Aufständischen in seinem Land erfolgreich führen zu können.

Zu diesem Zweck nimmt er 1990 die 1974 abgebrochenen diplomatischen Beziehungen zu Israel wieder auf. Die israelische Regierung macht im Gegenzug das gleiche. Sie tut dies vor allem, um die Kontakte zu den äthiopischen Juden und ihre Betreuung zu intensivieren und um die Vorbereitungen zur „Operation Salomo" intensiver vorantreiben zu können.

Im Herbst 1990 stattet Menghistu der israelischen Führung in Jerusalem einen Geheimbesuch ab. Dabei erklärt er sich bereit, jeden Monat 1.000 Falaschas ausreisen zu lassen. Einzige Bedingung: Geld oder Waffen! Israels Regierung weist jedoch dieses schmutzige Geschäft zurück. Denn sie weiß, daß die Zeit gegen den Diktator und für die Freilassung der äthiopischen Juden arbeitet. Dennoch zahlt sie, aus welchen Gründen auch immer, dem sozialistischen Regime – nach unbestätigten Berichten – insgesamt 35 Millionen US-Dollar „Lösegeld".

Doch der äthiopische Diktator kann sich nicht mehr lange halten. Seine Zeit läuft ab. Und die Stunde des Exodus der schwarzen Kinder Salomos naht. Weil Gott es so beschlossen hat – schon vor 2.500 Jahren:

„Der Herr wird zur letzten Zeit zum zweiten Mal seine Hand ausstrecken, daß er den Rest seines Volkes befreit, der übriggeblieben ist in ... Kusch (Äthiopien) ... und wird die Kinder Israels ins Land Israel bringen" (Nach Jesaja 11,11 u. Hesekiel 36,24).

Zugleich lautet seine Botschaft an die Juden in Äthiopien:

„Euch, meine Söhne und Töchter, hole ich aus dem SÜDEN und bringe euch heim ins Land Israel" (Nach Jesaja 43,6 u. Hesekiel 37,12).

Über der äthiopischen Regierung liegt deshalb schon seit langer Zeit der Befehl Gottes:

„SÜDEN, halte nicht zurück!" (Jesaja 43,6)

In der biblischen Prophetie sind die Himmelsrichtungen stets aus der geographischen Sicht des Landes Israel benannt. Danach liegt Äthiopien in der Tat in südlicher Richtung auf dem schwarzen Kontinent zwischen dem 30. und 40. Längengrad.

Und für die israelische Regierung lautet der Auftrag Gottes:

„Bringt her meine Söhne und Töchter von ferne…" (Jesaja 43.6)

Nun naht die Erfüllung dieser Verheißungen Gottes unaufhaltsam mit Riesenschritten…

Die „Operation Salomo" kann beginnen

Äthiopien – Mitte Mai 1991.

Noch steht der genaue Tag der „Operation Salomo" nicht fest. Aber alle Insider wissen: Es kann nicht mehr lange dauern!

Inzwischen ist die Befreiungsfront der äthiopischen Volksrevolutionären Partei (EPRDF) auf etwa 18 km an die Hauptstadt Addis Abeba herangerückt. Das Geschützfeuer der Panzerfahrzeuge und der Artillerie nimmt ständig zu. Die Regierungssoldaten sind in Auflösung begriffen und größtenteils auf der Flucht. Das marxistisch-leninistische Regime liegt in den letzten Zügen. Das Chaos nimmt zu. Der Fall der Hauptstadt steht unmittelbar bevor.

Im letzten Moment flieht Menghistu, der die Juden nur gegen Geld oder Waffen ziehen lassen wollte, ins Ausland. Mit einer Privatmaschine setzt er sich zunächst nach Kenia ab. Dort hofft er, daß man ihm Exil gewährt. Aber Kenias Präsident Arap Moi, der ein Christ und Israelfreund ist, lehnt dies ab und fordert den Ex-Diktator auf, unverzüglich das Land zu verlassen. Daraufhin fliegt er von Nairobi weiter nach Harare in Zimbabwe, wo ihm sein politischer Gesinnungsgenosse, der sozialistische Präsident Robert Gabriel Mugabe, bereitwillig Asyl gewährt. Menghistu kauft sich in Zimbabwe für mehrere Millionen Dollar, die er vor seiner Flucht beiseite geschafft hat, eine Rinderfarm. Dort lebt er seitdem als Rinderbaron.

Am 21. Mai ist das kommunistische System in Äthiopien am Ende. In der Hauptstadt bricht die staatliche Ordnung zusammen. Zwar verharren hier und da noch einige Regierungsbeamte auf ihren Plätzen und pochen auf ihre ver-

meintliche Macht, aber niemand hört auf sie. Es herrscht fak-
tisch ein politisches und administratives Machtvakuum.

In dieser „Stunde Null" ist nun entschiedenes und schnel-
les Handeln geboten. Denn wie sich die neuen Machthaber,
die unmittelbar vor ihrem Einzug in Addis Abeba stehen,
verhalten werden, weiß niemand so recht. Sollen also die
Juden Äthiopiens nicht weiter zum Spielball politischer In-
teressen und militärischer Konflikte werden, darf diese ein-
malige Chance nicht verpaßt werden, sie durch ein gewagtes
Blitzunternehmen aus der Hauptstadt zu retten. Immerhin
warten schon seit einigen Monaten mehr als 20.000 jüdische
Menschen darauf. Doch zuletzt werden es nicht alle schaffen,
Addis Abeba zu verlassen.

Die größte Luftbrücke in der Geschichte des Staates Israel

Es ist Dienstag, der 21. Mai.

Die israelische Regierung unter Ministerpräsident Jitzhak
Schamir gibt endgültig grünes Licht zur Rettungsaktion der
Falaschas. Mit der verantwortlichen Durchführung der Operation sind schon seit langem drei hervorragend dafür quali-
fizierte Persönlichkeiten beauftragt:

- *Uri Lubrani.* Er ist einer der führenden Männer der Jewish
  Agency. Als israelischer Diplomat stand er nicht nur dem
  letzten Kaiser von Äthiopien, Haile Selassie I., sehr nahe.
  Er hatte auch mit dessen „Thronräuber" Menghistu bis zu
  seinem ruhmlosen Abgang recht gute Kontakte. Mit ihm
  führte er wiederholt heikle Verhandlungen über die Eva-
  kuierung der äthiopischen Juden.

  Lubrani soll nun die Hauptverantwortung für die bevorstehende Blitzaktion übernehmen. Später wird man von
  ihm sagen, daß er „jeden Trick aus dem Lehrbuch der Diplomatie nutzte", um das Unmögliche zu erreichen, nämlich mehr als 14.000 Juden im richtigen Augenblick unver-
  sehrt aus Addis Abeba herauszuholen.

- *Micha Feldman.* Der israelische Konsul soll das bevorstehende Unternehmen organisieren. Er leitete bereits 1984/85 die Alija der äthiopischen Juden aus dem Sudan. Seitdem ist er ununterbrochen für die schwarzen Kinder Salomos tätig.
- *Amnon Schachak.* Der stellvertretende Generalstabschef der israelischen Armee (Zahal) soll das Unmögliche möglich machen: die äthiopischen Juden durch eine Luftbrücke zu retten und die ganze Aktion militärisch zu schützen. Später wird der „Held von Addis Abeba" wegen seiner logistischen und militärischen Glanzleistungen von Militärexperten in der ganzen Welt gefeiert und zum Generalstabschef der israelischen Armee befördert.

In der Nacht zum Freitag, dem 24. Mai, läuft die streng geheimgehaltene „Operation Salomo" an. Sie ist generalstabsmäßig vorbereitet und militärisch abgesichert. Sie wird den Staat Israel 10 Millionen Schekel (NIS) kosten.

Der Wettlauf mit der Zeit beginnt...

Durch ein spezielles „Rundrufsystem" sind bereits alle Juden von ihrer bevorstehenden Ausreise informiert. Hunderte von Freiwilligen und Mitarbeitern der Jewish Agency, darunter viele, denen schon vor Jahren die Flucht aus Äthiopien geglückt war und die seitdem in Israel leben, sind nun als Helfer tätig. Sie holen ihre schwarzen Brüder und Schwestern aus den Häusern und Hotels, den Schulen und Baracken und den kleinen und größeren Auffanglagern rund um Addis Abeba und führen sie zu den wartenden Bussen, die sie unverzüglich zur israelischen Botschaft in der Narrow Street bringen. Nachdem man sie dort registriert und mit den nötigen Papieren versorgt hat, werden sie sogleich zum acht Kilometer entfernten Flughafen transportiert. Es ist ein ziemlich kleiner Flughafen, der schnell von der wartenden Menschenmenge völlig überfüllt ist. Außerdem steht nur eine relativ kurze und schwierige Start- und Landebahn zur Verfügung.

Dort sind bereits in der Nacht in kurzen Abständen 36 Transportflugzeuge gelandet. Es sind 24 Maschinen der israelischen Luftwaffe, darunter 18 Herkules und 6 Boeing 757. Und 12 Maschinen der nationalen israelischen Airline EL AL: 3 Boeing 747 („Jumbos"), 4 Boeing 767 und 5 Boeing 757. Außerdem hat die Jewish Agency noch eine Boeing 767 der Ethiopian Airlines gechartert. Mit gedrosselten Triebwerken stehen sie wie auf einem Flugzeugträger auf einem Platz hinter dem Flughafengebäude Flügelspitze an Flügelspitze bereit, die Juden Äthiopiens nach Israel auszufliegen. Der israelische Verteidigungsminister Moshe Arens betont später: „Es war die größte Luftbrücke, die wir jemals aufgebracht haben, um jüdische Menschen nach Israel zu holen."

Noch herrscht fast völlige Dunkelheit. Das Flughafengebäude und das umliegende Gelände mit der Startbahn sind nur spärlich beleuchtet. Auf und um das Flughafengelände haben Hunderte von israelischen Elitesoldaten Stellung bezogen. Außerdem sichert eine weitere Einheit von Fallschirmjägern die israelische Botschaft. Man kann ja nicht wissen: Vielleicht greifen doch noch ein paar menghistutreue Regierungssoldaten an und verhindern oder verzögern zumindest das gewagte Unternehmen. Oder ein Düsenjäger der äthiopischen Luftwaffe beschießt den Flughafen. Nicht auszudenken! Vielleicht rücken aber auch Einheiten der neuen Volksbefreiungsarmee vor, obwohl mit ihnen vorher verhandelt worden war, während der Rettungsaktion stillzuhalten und den Flughafen nicht zu besetzen. Doch nichts, was befürchtet wird, geschieht. Dennoch ist die Nervosität und Anspannung bei den Soldaten und Helfern bis zum Äußersten spürbar.

Dann aber kommen sie – die schwarzen „Olim". Zunächst zu diesem Begriff einige erläuternde Worte: „Olim" sind jüdische Einwanderer (Immigranten), die nach „Jerusalem aufsteigen". Dies nennt man in jüdischen Kreisen „Alija". Biblische Begründung und Vorbild ist dafur der Erlaß des Perserkönigs Kyros (538 v. Chr.), mit dem er den Juden in der Babylonischen Gefangenschaft die Heimkehr nach Israel gestattet: „Wer immer unter euch von Israel ist, der ziehe hinauf nach Jerusalem. Mit ihm sei Gott!" (Esra 1,3 ff).

In aller Eile, aber ohne Hektik werden die Olim von ihren Betreuern im Schein ihrer blauen Neonlampen zu den Flugzeugen geleitet. Die einzelnen Familien – insgesamt sind es 3.000 – sind zu ihrer Identität und wegen ihres Zusammenbleibens mit einem Laufseil umgeben. Die Familienangehörigen tragen auf der Stirn eine Nummer. Es ist wie eine Anspielung auf die biblische Aufforderung in Hesekiel 9,4: „Zeichne mit einem Zeichen an der Stirn die Leute." Zuerst hat man die Nummern auf die Kleidung geklebt. Dort aber haften sie schlecht und fallen oftmals ab. Auch als sie schon in den Flugzeugen sitzen, nehmen viele der Olim sie nicht von der Stirn. Außer einer kleinen Handtasche, einem kleinen Karton oder einer Plastiktüte mit einigen persönlichen Habseligkeiten und die Kleider, die sie auf dem Leib tragen, können sie nichts weiteres mitnehmen.

Noch einmal werden die Personalien überprüft und die Bordkarten. Dann besteigen sie voller Anspannung, aber in Würde und freudiger Erwartung die „großen silbernen Vögel".

Um möglichst viele Olim mitnehmen zu können, sind aus Gewichts- und Platzgründen vorher schon in Tel Aviv eiligst die meisten Sitze und zum großen Teil sogar die Bordküchen ausgebaut worden. Nur eine Notkabine für Erste Hilfe ist eingerichtet, die mit einem Arzt und einer Krankenschwester besetzt ist.

Zusammengedrängt auf engstem Raum sitzen die Nachfahren Salomos wie ein menschlicher Teppich auf dem Boden. In einem „Jumbo", der normalerweise „nur" etwa 480 Passagieren Platz bietet, hocken 1.087 Menschen. Ein absoluter Weltrekord! Ein Busfahrer sagt später zu diesem neuen Weltrekord: „Mit den recht stämmigen Einwanderern aus der Sowjetunion oder den Israelis mit ihren fünf Koffern in jeder Hand hätten wir das nicht machen können. Aber diese Äthiopier – sie sind einfach dünner!"

Für die Zeit des Fluges gibt es nichts zu essen. Jeder erhält nur eine Flasche Mineralwasser. Marke: „Eden". Es ist Quellwasser aus dem „Paradies Israel", das nun bald ihre zukünftige Heimat sein wird.

Auf „Adlers Flügeln" nach Zion

Am frühen Morgen des 24. Mai, einem Freitag, noch bevor es hell wird, startet gegen 4 Uhr vom Flughafen in Addis Abeba das erste Flugzeug – vollgepackt mit schwarzen Olim. In Abständen von jeweils 20 Minuten erhebt sich eine Maschine nach der anderen in die Luft. Zeitweise sind bis zu 28 Flugzeuge gleichzeitig unterwegs. Insgesamt werden 40 Einsätze durchgeführt.

In 9.000 m Höhe nehmen die silbernen Riesenvögel mit ihren weit ausladenden Schwingen und dem Davidstern auf dem „Schwanz" Kurs auf das 2.600 km entfernte „Gelobte Land". Dabei überfliegen sie kein arabisches Land, sondern fliegen in Richtung Norden das Rote Meer und den Golf von Eilat entlang. Ruhig und ohne Turbulenzen schweben die Kinder Israels gleichsam auf „Adlers Flügeln" heim nach Zion – als wären sie Träumende!

Während des 3½ stündigen Fluges herrscht an Bord große Stille. Die Menschen „sprechen" nicht mit dem Mund, sondern mit den Augen. Für die meisten von ihnen ist es der erste Flug ihres Lebens. Manche haben zwar Flugangst. Aber sie sind ja als Familien zusammen. Das gibt ihnen Geborgenheit. Und außerdem haben sie seit vielen Jahren für ihre Heimkehr nach Jerusalem gebetet. Warum also soll man Angst haben? Mit wenigen Ausnahmen geht es deshalb den meisten gut. Es gibt während der ganzen Rettungsaktion keinen einzigen Todesfall. Nur relativ wenige müssen ärztlich betreut werden. Dafür werden – zur Freude aller – auf dem Flug 10 schwarze jüdische Babies geboren. Ihr Geburtsort ist der (Luft-) Himmel.

Nach 36 Stunden ist die geheime und doch so spektakuläre „Operation Salomo" offiziell beendet. Rund 14.800 äthiopische Juden plus 10 Neugeborene sind gerettet.

Allerdings müssen 4.000 der Beta Israel (vorerst) in Addis Abeba zurückbleiben: 1.000 der Ausreisewilligen sind nicht rechtzeitig am Flughafen. Und etwa 3.000 werden nicht mitgenommen, weil sie sogenannte „Falascha-Mura-Juden" sind und sich zum Christentum bekennen. Ihr endgültiger Status muß erst geklärt werden. So jedenfalls wollen es das israelische Oberrabbinat und die Regierung in Jerusalem.

Diesen „Falascha-Mura-Juden" habe ich am Schluß des Buches ein besonderes Kapitel vorbehalten.

Als das letzte israelische Flugzeug die äthiopische Hauptstadt verläßt, besetzen unmittelbar darauf Soldaten der neuen nationalen Befreiungsbewegung, die schon seit Tagen Addis Abeba großräumig umzingelt haben, den Flughafen und schließen ihn.

Wie einst in den Tagen Saigons

Als die äthiopischen Juden von der israelischen Botschaft in Bussen zum Flughafen gebracht werden, gibt es einige erschütternde Szenen, die von nichtjüdischen Äthiopiern verursacht werden. Schon seit Tagen hatten Hunderte von ihnen das israelische Botschaftsgebäude belagert. Nun versuchen sie ebenfalls, aus dem vom Bürgerkrieg heimgesuchten Land herauszukommen. Zimne Barhane, ein äthiopischer Angestellter der Jewish Agency, sagte später, daß „ganz Addis Abeba da war und jeder schrie ‚Ich will auch raus!' ‚Ich will auch mit!'" Die ganze Situation habe an die südvietnamesische Hauptstadt Saigon kurz vor ihrem Fall an die kommunistischen Vietkong erinnert, als die letzten Amerikaner mit Hubschraubern vom Dach ihrer Botschaft in aller Eile fluchtartig das Land verließen und Tausende von Vietnamesen ebenfalls mitwollten.

Ohnmächtig und mit Blindheit geschlagen

Im großen und ganzen verläuft aber die „Operation Salomo" erfolgreich und wie geplant. Das waghalsige Unternehmen wäre allerdings ohne „Gottes Hilfe" nicht möglich gewesen, wie viele israelische Insider später sagen. Es hätte ebensogut schiefgehen können. Oder es hätte erst gar nicht durchgeführt werden können.

FLUGROUTE DER „OPERATION SALOMO"

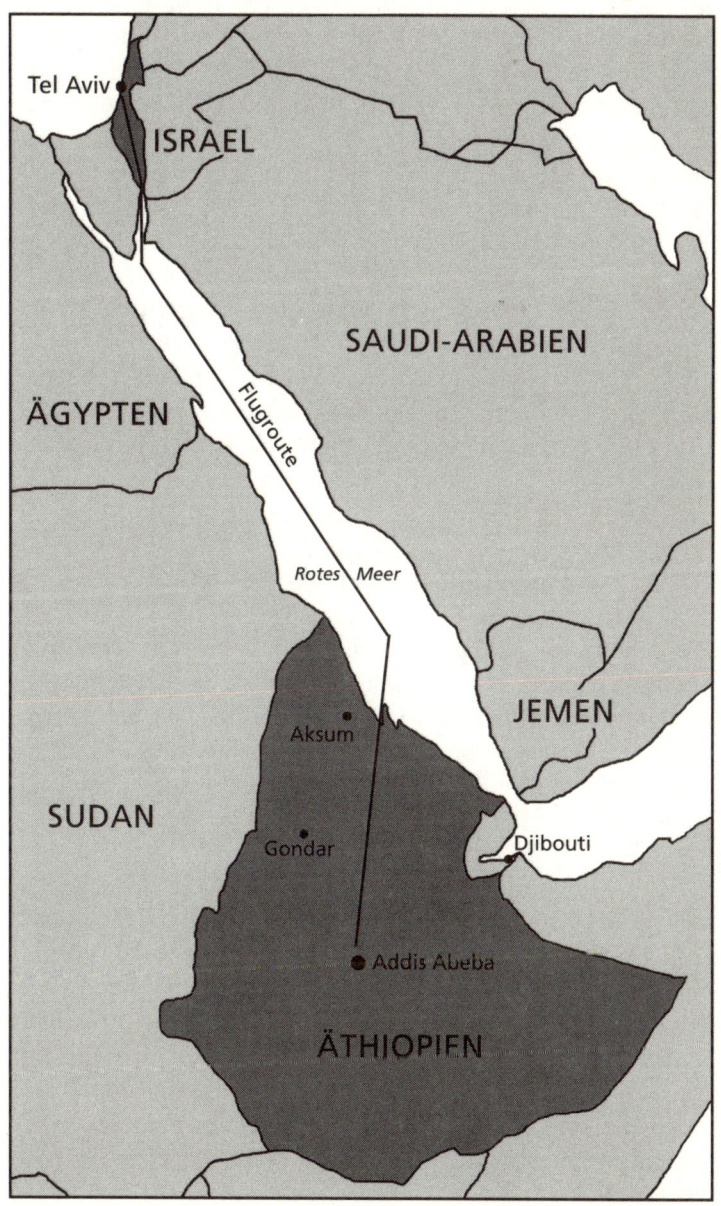

Aber weil Gott es so will, geschieht das unfaßbare Wunder: Sowohl Menghistus Regierungstruppen, die sich in totaler Auflösung befinden und auf der Flucht sind, als auch die vorrückenden siegreichen Volksbefreiungsverbände, verhindern die israelische Luftbrücke nicht. Kein Düsenjäger der verfeindeten Armeen versucht etwa durch MG-Feuer oder Raketen den Exodus zu stoppen. Keine Artillerie- oder Panzergranate wird auf den Flughafen abgefeuert. Kein einziger Schuß fällt. Sie sind von Gott in der „Stunde Null" geradezu mit Blindheit und Ohnmacht geschlagen und müssen die Kinder Salomos ungehindert ziehen lassen. Ähnlich wie einst auf Befehl Gottes Pharao die Israeliten aus Ägypten hat ziehen lassen müssen. Ein israelischer Armeesprecher kommentierte deshalb auch danach das „Wunder von Addis Abeba" mit den Worten: „Es sah aus wie der Auszug aus Ägypten." Und ein Reporter bemerkte: „Es waren Szenen wie aus der Bibel." –

Tausende warten immer noch

Die „Operation Salomo" ist beendet. Der Exodus aller äthiopischen Juden aber noch nicht vollendet. In den folgenden Monaten und Jahren kommen weitere Tausende, meist sogenannte „Falascha-Mura-Juden" mit Zustimmung der israelischen und äthiopischen Regierung nach Israel. Dennoch leben noch immer schwarze Juden in dem afrikanischen Land.

Als wir im März 1996 in Gondar sind und durch die gleichnamige Provinz fahren, treffen wir noch viele „Beta Israel" und „Falascha-Mura-Juden". Vor ihren an der Straße gelegenen Hütten bieten sie nach wie vor eine Vielzahl handwerklich kunstvoll gestalteter Gegenstände an. Und in ihren Synagogen finden weiterhin Gottesdienste statt. Doch alle, mit denen wir sprachen, versichern uns, daß sie so schnell wie möglich nach Zion und Jerusalem wollen, um bei ihrem Volk zu sein, wenn der Messias kommt. Deshalb beten sie auch jeden Tag:

„Trenne mich, o Herr, nicht von den Auserwählten und von der Freude Israels. Laß mich sehen das Licht und die Herrlichkeit Jerusalems."

Ankunft in Zion

Staatsempfang für einen verlorenen Stamm

Es ist Freitag, der 24. Mai 1991.

Schon seit einigen Tagen bin ich mit meiner Frau auf einer Dienstreise in Israel. Am Morgen lesen wir zusammen das Wort aus der Bibel:

„Die der Herr befreit hat, kehren heim nach Zion. Freude wird sie ergreifen und Schmerz vorbei sein" (Jesaja 35,10).

An diesem frühen Morgen in Jerusalem ahnen wir noch nicht, daß sich diese Zusage Gottes in den nächsten Stunden auf wunderbare Weise buchstäblich erfüllen wird und wir zusammen mit vielen Israelis unmittelbar Ohren- und Augenzeugen eines der bedeutendsten Ereignisse in der Geschichte des neuen Staates Israel werden.

Noch schweigen die israelischen und ausländischen Medien über das bevorstehende große Ereignis. Man will die Aktion zur Rettung der äthiopischen Juden durch Indiskretion nicht im letzten Augenblick noch einmal gefährden, wie Anfang 1985 bei der „Operation Mose". Zuviel steht auf dem Spiel. Dennoch wissen viele hundert Israelis davon, aber sie schweigen: Die Flugzeugbesatzungen, die Elitesoldaten, die Helfer der jüdischen Organisationen, die Angehörigen und geistlichen Würdenträger der äthiopischen Gemeinschaft und vor allem die politischen Führer des Landes.

Viele von ihnen haben sich schon seit Stunden auf dem Ben Gurion-Flughafen bei Tel Aviv versammelt. Darunter sind neben dem israelischen Staatspräsidenten Chaim Herzog und dem Premierminister Jitzhak Schamir fast das gesamte Kabinett, zahlreiche Abgeordnete der Knesset und einige ausgewählte Journalisten. Sie alle sind angetreten zum Staatsempfang für einen verlorenen Stamm Israels, der nun in das Verheißene Land seiner Väter heimkehrt. Es herrscht eine gespannte Atmosphäre und eine hektische Betriebsamkeit. Dann kündigt sich das große Ereignis an...

Als die erste Boeing 767 der israelischen Luftwaffe am frühen Freitagmorgen zur Landung ansetzt, wendet sich Jitzhak Schamir an einen hinter ihm stehenden Reporter und sagt zu ihm:

„Ich habe das Gefühl, daß wir nun endlich unser Ziel erreicht haben. Wir haben viele Jahre gewartet. Nun kommt die große jüdische Gemeinde aus Äthiopien. Sie sind der Überrest eines jüdischen Stammes, der Tausende von Jahren bestanden hat, und der nun zurückkehrt nach Zion, in sein Heimatland."

Kurze Zeit später erreicht die Maschine ihre Parkposition. Eine mobile Treppe wird an einen Ausgang herangefahren. Schließlich der beglückende Moment: Die Flugzeugtüren öffnen sich, Fernseh- und Videokameras fangen an zu surren, Photoapparate klicken und blitzen auf... und dann kommen sie, die schwarzen afrikanischen Kinder Salomos, die Gangway herunter: Alte Männer mit einem Beutel von Habseligkeiten über der Schulter, junge Väter mit ihren Kindern an der Hand, Frauen mit ihren Babies auf dem Rücken, eingeschlagen in ein Tuch, aus dem ein kleiner schwarzer Schopf mit leuchtend weißen Augen herausschaut und viele, viele junge Leute, die fröhlich ihre Hände und Arme schwingen und die Wartenden begrüßen. Sie alle werden mit brausendem Applaus empfangen.

Zahlreiche neue Olim tragen ihre traditionellen weißen Schamma-Roben mit zum Teil wunderschönen farbigen Stickereien. Es ist eine togaähnliche äthiopische Tracht. Andere, vor allem die jungen Männer, sind westlich angezogen. Sie tragen Jeanshosen, Hemd und Sakko. Doch die meisten sind recht ärmlich bekleidet. Viele haben keine Schuhe an und sind barfuß. Nur die wenigsten tragen Sandalen oder geschlossene Schuhe. An ihren Füßen klebt noch die rote Erde ihrer alten Heimat.

Viele Gesichter sind schmal, markig und schwarz wie Ebenholz. Ihre Augen strahlen wie die Sonne. Ihre Zähne leuchten weiß wie der Schnee am Hermon. Ihre Körper sind meist groß und schlank. Und ihre Bewegungen sind voller Anmut und Liebreiz.

Allerdings sind viele von ihnen müde, ja sogar erschöpft. Man sieht ihnen die Strapazen und Entbehrungen der letzten Stunden, Tage und Wochen an. Dennoch betreten sie geradezu aristokratisch, als wären sie Könige, Könige von Juda, ruhig, schweigend und diszipliniert und vor allem glücklich und erwartungsvoll das Heimatland ihrer Sehnsucht. Nach 2.900 Jahren im Exil sind sie nun wieder zu Hause. „Adlersflügel" haben sie heimgebracht. Viele können dies Wunder noch gar nicht recht fassen. Aber es ist Wirklichkeit geworden.

Als das 86jährige Oberhaupt der äthiopischen Juden, Menashe Simru, eine der ankommenden Maschinen verläßt, fragt er erstaunt: „Sind wir nun wirklich in Zion?" Simru trägt den Titel „Kes ha-Kessim" (Hoherpriester) und ist eine wahre Patriarchengestalt. Uri Gordon von der Jewish Agency überreicht ihm eine Torarolle zur Begrüßung. Dann erinnert er den greisen Führer der Beta Israel an seine Aussage, die er vor Jahren in Äthiopien gemacht hatte: „Die Durstigen gehen zum Wasser, die Hungrigen zum Essen, und ich gehe nach Jerusalem." Der alte Mann in seinem Priestergewand und dem weißen Burnus auf dem Kopf fällt wie viele andere junge und alte Olim auf seine wackligen Knie und küßt den Boden des Heiligen Landes. Ein Flugbegleiter, der dies sieht, ist so angetan, daß er zu einem neben ihm stehenden Knessetabgeordneten sagt: „Es ist wie die Ankunft Abrahams im Gelobten Land!" Wenig später wendet er sich, während die Heimkehrer durch ein Spalier von Ministern, Beamten, Diplomaten und Helfern schreiten, zu einem Journalisten, der selbst zutiefst ergriffen ist: „Sehen Sie, wie glücklich diese Menschen sind, daß wir sie aus Äthiopien herausgeholt haben."

Einige der Neuankömmlinge wollen am liebsten sofort nach Jerusalem. Sie wollen an der Westmauer des Tempelberges (Klagemauer) beten. Denn dort – so glauben sie – ist die unmittelbare Gegenwart und Heiligkeit Gottes (Schechina) anzutreffen. Und davon hatten sie schon so lange in Äthiopien geträumt.

Aber nicht alle sind so voller Ungeduld und religiösem Eifer. 159 der Heimkehrer müssen unmittelbar nach ihrer Ankunft wegen totaler Erschöpfung, Unterernährung und Tropenkrankheiten mit Ambulanzfahrzeugen des „Magen-David-Adom" (Roter Davidstern, vergleichbar mit dem Roten Kreuz) ins Krankenhaus gebracht werden. Die allermeisten gehen jedoch gemächlichen Schrittes zu den in der Nähe stehenden Bussen, die sie zum Empfangsgebäude des Flughafens bringen. Sie alle sind glücklich. Denn sie wissen: „Gott hat uns nach Zion gebracht!"

Als die Insassen des ersten Flugzeugs zum Flughafengebäude fahren, flüstert der Generalstabschef Ehud Barak Ministerpräsident Jitzhak Schamir ins Ohr: „In knapp einer halben Stunde wird ein weiteres Flugzeug landen, nach einer weiteren halben Stunde wieder eins. Wenn es geht, wird die Luftbrücke die ganze Nacht weitergehen, alle halbe Stunde werden weitere kommen." Schamir fragt zurück: „Ist es möglich, daß wir bis zum Morgen fertig werden?" Barak antwortet: „Es ist möglich, aber es können noch Fehler passieren." Doch es läuft alles planmäßig und reibungslos wie ein Schweizer Präzisionsuhrwerk.

Am Schabbat, dem 25. Mai um 16 Uhr landet schließlich die letzte Maschine. Es ist eine Herkules C 130 der israelischen Air Force. Unterwegs war ein Triebwerk ausgefallen. Aber die Landung verlief ohne Zwischenfall. An Bord befinden sich 200 Falaschas. Sie sind die letzten, die Äthiopien verlassen konnten. Während ihres Fluges bemerken sie jedoch nicht, daß die „Adlersschwingen", die sie nach Zion bringen, nur mit verminderter Kraft angetrieben werden. Doch sie schaffen es.

Freude und Jubel in Israel

Als ein Flugzeug nach dem anderen auf dem Rollfeld des Ben Gurion-Flughafens landet, besonders die El Al-„Jumbos", die vollgestopft sind mit ihrer kostbaren Menschenfracht, gehen Wellen der Begeisterung, der Freude und des Staunens durch die Reihen der Wartenden. „Ich muß mich immer wieder in die Backe kneifen, um sicherzustellen, daß ich nicht träume. Es ist, als sähe ich Szenen aus der Bibel", sagt ein Beamter des Verteidigungsministeriums.

Auf dem Rollfeld sowie vor und im Flughafengebäude bereiten die wartenden Israelis und die äthiopischen Juden, die schon seit einigen Jahren in Israel leben, ihren heimkehrenden Brüdern und Schwestern unter Singen, Tanzen und Klatschen einen jubelnden Empfang. Viele brechen in Freudentränen aus. Selbst hartgesottene Fallschirmspringer und Reporter weinen. Ein Journalist, der von Zeit zu Zeit die Tränen nicht zurückhalten kann, sagt später, er habe noch niemals eine solche Wärme, Liebe und Brüderlichkeit erlebt: „Das Singen, Tanzen und Klatschen und die reine Freude waren etwas, was einen alle Schwierigkeiten in diesem Land (Israel) vergessen läßt."

Israels Regierungschef Jitzhak Schamir begrüßt die schwarzen Kinder Salomos als „unsere Söhne und Töchter" und erinnert an die Verheißung Gottes in Jesaja 43,6f: „Bringt her meine Söhne und Töchter von ferne, alle die mit meinem Namen genannt sind und die ich zu meiner Ehre geschaffen und zubereitet habe."

Später wendet er sich einem Minister aus seinem Kabinett zu und bemerkt: „Auch für mich ist ein Traum wahr geworden." Und: „Diese schwarzen Kinder Salomos und die weißen Kinder Israels werden es erleben: Eines Tages wird Frieden sein in Israel, im Nahen Osten und in der ganzen Welt!"

Verteidigungsminister Moshe Arens bezeichnet die „Operation Salomo" als „Verwirklichung des Zionismus".

Wohnungsbauminister Ariel Scharon hält sie sogar für eine „Erfüllung biblischer Prophetie".

In der Tat ist die Heimkehr der Juden aus Äthiopien nach 2.500jährigem Exil die Erfüllung einer der bedeutendsten Verheißungen Gottes:

„Der Herr wird zur letzten Zeit zum zweiten Mal seine Hand ausstrecken, daß er den Rest seines Volkes befreie aus dem SÜDLAND" (Jesaja 11,11).

„Hebe deine Augen auf und sieh umher! Diese alle sind versammelt und kommen zu dir. Deine Söhne kommen von ferne. Deine Töchter werden auf dem Arm herbeigetragen... Sie kommen aus SABA. Du wirst es sehen und dich freuen. Vor Glück wird dein Herz klopfen..." (Jesaja 60.4.6).

Jerusalems Bürgermeister Teddy Kollek, der drei Tage später am 27. Mai seinen 80. Geburtstag feiert, freut sich riesig: „Das ist für mich das schönste Geburtstagsgeschenk!"

Israels Staatspräsident Chaim Herzog, der neben Schamir steht, sagt vor laufender Kamera, daß Israel seine besten ihm zur Verfügung stehenden Mittel eingesetzt habe, um den Überrest seines Volkes aus Äthiopien ins Verheißene Land zu bringen.

Ähnlich äußert sich der Knessetabgeordnete Schlomo Hillel, der sich seit vielen Jahren beharrlich um die Alija der äthiopischen Juden bemühte: „Heute ist nun einer der größten Tage für sie, für Israel und für die Juden der ganzen Welt. Wir werden keinen verfolgten Juden in Gefahr lassen, ungeachtet aller Risiken und Kosten. Das ist der Grund, warum es Israel gibt."

Auch die Leiter der äthiopischen jüdischen Gemeinschaft sowie viele hundert andere äthiopische Juden, die schon seit einigen Jahren in Israel leben, reagieren mit Freude und Dank auf die gewaltige und gelungene Rettungsaktion und nennen sie das „größte Ereignis" in ihrem Leben. Darüber hinaus beten sie und danken Gott für den erfolgreichen Verlauf der Heimkehr, die vom israelischen Oberrabbinat, der höchsten jüdischen Religionsbehörde, im Namen von „pikuah nefesh" ausdrücklich gebilligt worden war. Dieses religiöse Gesetz erlaubt nämlich ausnahmsweise die Verletzung des Schabbats durch Aktivitäten (Arbeit), wenn das Leben von Juden dadurch gerettet wird. „Wir träumten, wir kämpften, wir warteten darauf, daß dieser Tag der Rettung kommen würde, und sei es ein Tag des Schabbats", sagte Rehamim Elazar, Mitglied der äthiopischen Gemeinschaft und Leiter des amharischen Sendestudios von „Radio Israel": „Ich habe immer daran geglaubt, daß Israel sie retten würde. Und Israel hat es getan. Wir sagen diesem Land unseren Dank und bringen ihm unsere Bewunderung entgegen für sein großmütiges Herz. Wir danken Gott für Israel!"

Gegen Ende des zweiten Tages, der für Hunderttausende von alteingesessenen und neueingewanderten Israelis alle menschlichen Maßstäbe sprengt, sitzen zwei junge Frauen, frühere Einwanderer aus Äthiopien, auf dem Randstein einer Straße nahe des Flughafengebäudes. Sie gehören zu den Hunderten von freiwilligen Helfern. Sie machen nicht viele Worte. Sie sagen nur: „Dank sei Gott! Wir danken Gott für Israel!"

Am späten Schabbat-Nachmittag gegen 17 Uhr, eine Stunde nach erfolgreicher Beendigung der Luftbrücke, unterbricht das israelische Fernsehen sein reguläres Programm und strahlt eine Sondersendung aus, in der die Rettung der äthiopischen Juden zum ersten Mal offiziell in Israel bekanntgegeben wird. Die spektakuläre Nachricht versetzt ganz Israel sogleich in einen unglaublichen Freudentaumel. Das ganze Land wird geradezu von einem „zionistischen Fieber" erfaßt.

Ein Israeli erzählt: „Die Bilder im Fernsehen von Massen weißgekleideter äthiopischer Juden, wie sie bei mitternächtlicher Dunkelheit auf dem Flughafen von Addis Abeba zu den Flugzeugen gehen, die sie nach Hause bringen, riefen in uns Erinnerungen wach an unsere Vorväter, wie sie in jener Passa-Nacht vor 3.200 Jahren aus Ägypten zogen. Als meine Frau hörte, daß die äthiopischen Regierungstruppen und die

Verbände der Volksbefreiungsbewegung in den Außenbezirken von Addis Abeba stillhalten, sagte sie mit erregter Stimme: Diese Trennung der Truppen ist ja wie damals, als sich die Wasser des Roten Meeres teilten, um die Israeliten bei ihrem Auszug hindurchzulassen."

Israel lebt von Wundern

In jenen letzten Mai-Tagen des Jahres 1991 werden viele Israelis unmittelbar oder mittelbar Augen- und Ohrenzeugen der wunderbaren Erfüllung der Verheißung Gottes aus Micha 7,15:

„ICH will sie Wunder sehen lassen wie zur Zeit, als sie aus Ägypten kamen."

In den folgenden Tagen, Wochen und Monaten nach der erfolgreichen „Operation Salomo" wird in Israel viel vom „Wunder" gesprochen.

Die bekannte Knessetabgeordnete Geula Cohen bekennt: „Das ist ein Wunder und ein Zeichen dafür, daß die Zeit der Erlösung (durch den Messias) nahe ist."

Israels früherer Staatspräsident Jitzhak Navon sagt gegenüber Journalisten: „Nichts in Israel ist selbstverständlich. Denken Sie immer daran, daß wir von Wundern leben."

In seiner Neujahrsansprache erinnert Israels Staatspräsident Chaim Herzog das jüdische Volk: „Zu den Wundern des vergangenen Jahres zählt die ‚Operation Salomo', die fast alle in Äthiopien lebenden Juden nach Israel gebracht hat…"

Auch Premierminister Jitzhak Schamir nimmt in seiner Neujahrsbotschaft darauf Bezug: „Wir gehören zu der glücklichen Generation, die die Rückkehr der Juden aus Äthiopien durch die wundervolle ‚Operation Salomo' miterlebt hat. Sie gehört zu den Ereignissen, die in goldenen Lettern in den Annalen unseres Volkes verzeichnet sind."

Einige Tage später sagt der Regierungschef vor über 4.000

Christen auf dem Laubhüttenfest der Internationalen Christlichen Botschaft im Jerusalemer Kongreßzentrum:

„Wir leben in einer Zeit der Wunder Gottes und Erfüllung biblischer Prophetie in Israel. Wir sind ein optimistisches Volk, das immer an Wunder geglaubt hat. Aber selbst die größten Optimisten unter uns hätten nicht gedacht, daß in so kurzer Zeit so viele Wunder geschehen könnten wie im letzten Jahr. Eines der größten Wunder war zweifellos die Heimkehr unserer Söhne und Töchter aus Äthiopien …"

„Alle wollten wir Jerusalem sehen!"

Wie wundervoll die „Operation Salomo" ablief, schildert Zefaka Kehonen, der mit dabei war:

„Eines Tages erhielten wir von Mitarbeitern der Jewish Agency den Rat, uns mit Mehl, Wasser und Holz zu versorgen, denn die Soldaten der äthiopischen Befreiungsfront näherten sich der Hauptstadt Addis Abeba. Dann aber sollten wir unsere Unterkünfte nicht mehr verlassen.

Einige Tage später wurden wir zur israelischen Botschaft gerufen. Dort warteten wir sechs Stunden. Dann wurden wir registriert. Und plötzlich verstand ich, es gehe sofort zum Flughafen: Wir würden nach Jerusalem fliegen, sagte man uns.

Der Flughafen war voller israelischer Flugzeuge. Er sah aus wie ein riesiger Flugzeugträger. Überall schwarze und weiße Israelis. Wir waren Hunderte und stiegen alle eilig in ein riesiges Flugzeug. (Es war ein „Jumbo".) Dort setzten wir uns auf Matten auf dem Boden und flogen sofort ab. Es war ruhig in der Maschine. Niemand sprach. Jeder war in seine Gedanken versunken.

Nach etwa drei Stunden hieß es, daß wir uns über Jerusalem befänden. Alle wollten plötzlich an die Luken, um die erträumte Stadt zu sehen. Doch die Flugbegleiter hielten uns davon ab. 10 Minuten später landeten wir auf dem Ben Gurion-Flughafen. Dort wurden wir alle herzlich empfangen. Autobusse brachten uns nach Jerusalem in ein Hotel. Dies war der glücklichste Tag meines Lebens. Ein 2000jähriger Traum ging in Erfüllung."

Zu Tränen gerührt sackt der Neueinwanderer völlig erschöpft in sich zusammen.

„Es ist ein Traum, der Wahrheit geworden ist", meint der 15jährige Menyechel Ademsu, während er glücklich an einem Eis schleckt. „Wir wohnten in einem Dorf in Gwanda, und ich ging dort zur Schule. Unsere Häuser waren Hütten mit Strohdächern. Vor einem Jahr zogen wir nach Addis Abeba, weil wir nach Israel wollten. Am Freitag (24. Mai) kamen plötzlich Leute und sagten uns, wir sollten sofort zur israelischen Botschaft gehen. Wir gingen alle, mein Vater, meine Mutter, meine Geschwister.

Leute aus der Stadt folgten uns, und um das Gebäude der Botschaft war ein großes Gedränge. Ich denke, sie wollten unsere Sachen haben, die wir nicht mitnehmen durften. Nachdem wir in der Botschaft eine Stunde gewartet hatten, kam ein Bus und brachte uns zum Flughafen. Dort stiegen wir sofort in ein Flugzeug. Als wir in der Luft waren, sagten sie uns, wie würden nach Israel fliegen und bald die Stadt Jerusalem sehen. Wir begannen alle zu singen und zu klatschen. Es war wunderschön."

„Ich habe meine Mutter gefunden!"

Als die ersten Flugzeuge in Israel landen, kommt es vielfach zu ergreifenden Szenen: Familien, die vor vielen Jahren bei der „Operation Mose" oder bei der „Operation Saba" auseinandergerissen wurden, finden sich nun unerwartet wieder.

Mebenda B., der 1984 über den Sudan nach Israel kam und nun als Dolmetscher nach Addis Abeba geschickt wurde, begleitet eine Gruppe zu einem der Flugzeuge. Plötzlich entdeckt er seine alten Eltern, wie sie gerade in eine Maschine steigen. Die Wiedersehensfreude ist so groß, daß er darüber fast seinen Job vergißt. Im letzten Moment gelingt es ihm, aus der zum Start bereiten Maschine zu springen. Später hat er dann seine Eltern in Israel wiedergefunden.

Azmir S., der ebenfalls schon seit einigen Jahren in Israel lebt und nun für die Betreuung seiner heimkehrenden Brüder und Schwestern aus Äthiopien auf dem Ben Gurion-Flughafen eingesetzt ist, berichtet: „Auf einmal sah ich meine Mutter und meine Schwester in einem der Autobusse. Ich traute meinen Augen nicht, aber sie waren es. Das war der glücklichste Tag meines Lebens, daß ich meine Lieben wiederfand."

Ein Ehepaar mit fünf Kindern erzählt freudestrahlend: „Als wir im Bus saßen, dachten wir zu träumen. Vor uns stand plötzlich unser leibhaftiger Sohn, der uns Hinweise für unser Verhalten gab."

Einige Tage nach erfolgreicher Beendigung der „Operation Salomo" geht Falida B., der beim ersten Exodus nach Israel gekommen war, in Jerusalem in ein Hotel, in dem die neuen Olim aus Äthiopien untergebracht sind. Dort entdeckt auch er plötzlich seine Eltern. „Mutter! Vater!" ruft er laut. Dann liegen sie sich in den Armen und küssen sich. Seit sechs Jahren hatte der junge Falascha kein Lebenszeichen von ihnen und wußte gar nicht, ob sie noch lebten. Aber er hatte die Hoffnung nie aufgegeben, sie eines Tages wiederzufinden. Während ihnen die Tränen über die Wangen laufen, kommen über seine Lippen die Worte: „Es ist ein Wunder, daß ich euch wiedersehe. Ich konnte es erst nicht glauben. Aber nun ist es wahr." Dann sieht er schließlich auch noch seinen Bruder und seine Schwägerin neben seinen Eltern stehen. Sein Vater ist nicht weniger ergriffen: „Junge, Junge, es ist wie ein Traum, den ich erlebe. Ich hätte nicht gedacht, daß wir uns jemals wiedersehen."

Am nächsten Tag gehen sie gemeinsam zur Westmauer des Tempelberges, um dort an heiliger Stätte Gott für ihre Heimkehr nach Israel und das Wiedersehen zu danken. Dann erklärt Falida seinem Vater, daß „dort oben auf dem Tempelberg" einst der Tempel stand, der wieder aufgebaut werden wird, wenn der Messias kommt. Der Alte ist davon so ergriffen, daß mehrfach über seine Lippen die Worte kommen: „Der Tempel! ... Der Messias...!"

In jenen Tagen und Wochen gilt das Wort der biblischen Verheißung in besonderer Weise:

„Die Erlösten des Herrn werden nach Zion heimkehren... Freude und Wonne werden sie ergreifen, und Schmerz und Seufzen werden vorbei sein" (Jesaja 35,10).

Für uns aber als Christen und Israelfreunde bedeutet dieses ergreifende und wundervolle Geschehen:

„Wer Ohren hat, der höre! Wer Augen hat, der sehe! Und wer das liest, der denke darüber nach, was es bedeutet. Glücklich zu preisen ist der, der das liest und die Worte der Prophetie in seinem Herzen bewegt, denn die Zeit der Erfüllung ist gekommen" (Nach Matthäus 11,15; 24,15b; Offenbarung 1,3).

Ganzseitiges Bibelwort in der „Jerusalem-Post"

Am Sonntag, 26. Mai 1991, einen Tag nach der erfolgreich abgeschlossenen Rettungsaktion, veröffentlicht die nationale israelische Fluggesellschaft EL AL, die an der „Operation Salomo" maßgeblich beteiligt war, eine ganzseitige Anzeige in der „Jerusalem-Post", der größten englischsprachigen Tageszeitung in Israel, die weltweit gelesen wird. Sie enthält die biblische Verheißung aus Jeremia 31,17 und umfaßt nur neun Worte:

„... und deine Kinder sollen wieder in ihr Land kommen."

In der neuen Heimat

Unmittelbar nach ihrer Ankunft auf dem Ben Gurion-Flughafen werden die schwarzen Juden aus Äthiopien mit Bussen in die rund 50 Einwanderungszentren (Absorptions-Center, Container-Siedlungen und leerstehende Hotels) im ganzen Land gebracht.

Eines dieser seit einiger Zeit leerstehenden Hotels ist das ehemalige 5-Sterne-Hotel Diplomat in der Nähe des Kibbuz Ramat Rachel bei Jerusalem. Meine Frau und ich begeben uns sofort dorthin, um zusammen mit anderen Israelis die Neuankömmlinge aus Afrika zu begrüßen und willkommen zu heißen.

Müde und benommen, aber mit hocherhobenem Kopf und freundlich lächelnd, steigen sie aus den Bussen. Langsam und in gesitteter Weise treten sie nacheinander ins Hotel. Viele tragen, wie bereits erwähnt, die traditionellen weißen Schammagewänder aus ihrer alten Heimat. Andere sind europäisch bzw. amerikanisch gekleidet. Väter haben ihre kleinen Kinder an der Hand, Mütter tragen ihre Babies in die Falten ihrer Gewänder eingehüllt auf dem Rücken. Sonst haben sie kaum etwas in den Händen. Denn sie mußten in Äthiopien, außer ein paar persönlichen Kleinigkeiten, alles zurücklassen.

Obwohl sie nur Amharisch sprechen und kaum jemand Hebräisch, begrüßen uns viele, selbst die Kleinen, mit „Schalom" (Frieden) und „Todaraba" (Dankeschön).

Von den Helfern werden sie in den großen Speisesaal geführt. Dort sind bereits die Tische festlich gedeckt. Das Essen ist aufgetragen. Auf den Tischen stehen frisches Schabbatbrot, Suppe, Salate und gebratene Hühnerschnitzel. Dazu gibt es Wein, Mineralwasser und Orangensaft und als Nachspeise Obst und Joghurt. Trotz des großen Hungers und Durstes warten sie jedoch alle, bis jeder sich an den langen Tischreihen gesetzt hat. Keiner rührt das Essen oder die Getränke an, bis sie dazu aufgefordert werden und viele von ihnen ein stilles Dankgebet gesprochen haben.

Die gleichen Anstandsformen, wie man sie bei vielen Israelis heute kaum noch kennt, zeigen sie auch beim Essen. Trotz anfänglicher Schwierigkeiten beim Umgang mit dem Besteck, haben sie aber schnell gelernt, daß man für die Suppe einen Löffel benutzt und nicht die Gabel. In ihrer äthiopischen Heimat haben sie nämlich meist kein Besteck benutzt, weil sie keins hatten. Darum aßen sie ihr beliebtes Nationalgericht „Indschera" auch stets mit den Fingern, wie auch generell alle anderen Speisen.

Nachdem sie ihre erste Mahlzeit im Gelobten Land weitgehend schweigend und unter einem Minimum an Lärm verzehrt haben, beginnen sie nach und nach ihre natürliche Zurückhaltung ein wenig zu verlieren und fangen an zu sprechen, was ihre bereits in Israel lebenden Brüder übersetzen. Viele sagen immer wieder: „Wir sind einfach sehr glücklich, in Israel zu sein."

Ob Kinder oder Erwachsene, ob Einzelpersonen oder Familien, alle wollen sie sich von uns fotografieren lassen. Viele Jungen und Mädchen sind zutraulich und umschwärmen uns, als ob sie uns schon lange kennen und wir ihre besten Freunde sind. Denn sie merken es, daß wir sie liebhaben und ihnen helfen wollen. Ein strahlender Vater gibt ohne zu zögern seinen Jüngsten – pitschnaß! – sofort meiner Frau auf den Arm. Ein Mädchen kommt zu uns und zeigt uns seine neue Puppe, die sie gerade geschenkt bekommen hat. Dabei leuchten freudestrahlend ihre weißglänzenden Augen in ihrem dunkelfarbigen Gesicht. Denn es ist die erste Puppe, die sie nun besitzt. Einige Jungen und Mädchen sind überglücklich über die bunten Luftballons, die wir ihnen mitgebracht haben. Viele Kinder aber haben noch nichts zu spielen. Aber das wird sich schnell ändern.

In der Ecke blickt eine alte Frau versunken in den Saal und denkt vielleicht: Ist das alles ein Traum oder ist es Wirklichkeit? Eine Mutter mit einem schreienden Baby auf dem Arm, offensichtlich müde und erschöpft, lächelt uns dennoch freundlich zu. Zwei junge Mädchen, deren Haare in zahllosen kleinen Zöpfen geflochten und kunstvoll auf dem Kopf befestigt sind, kichern, als sie uns bemerken, und betrachten uns eingehend.

Wir sehen keine traurigen Gesichter, sondern nur freundliche, höfliche und disziplinierte Menschen. Wir müssen an das Wort aus Jesaja 29,19 denken: „Die Ärmsten unter den Menschen werden fröhlich sein in dem Heiligen Israels."

Während ich für einige Augenblicke darüber nachsinne, flüstert mir ein Helfer leise zu: „Ihre Disziplin, ihre Würde, ihr Glaube übersteigt alles, was wir hier in Israel jemals gekannt haben. Sicher gibt es für sie hier viel, was sie jetzt von uns lernen müssen. Aber ich glaube, es gibt noch viel mehr, was wir von ihnen lernen können." Zustimmend nicke ich ihm zu. Tränen der Freude kommen uns aus den Augen. Und aus unserem Herzen steigt tiefer Dank zu Gott empor. Er hat an seinen Kindern aus Äthiopien Großes getan. Ihre stille, tiefe Sehnsucht, endlich in Gottes Land heimkehren zu dürfen, hat sich erfüllt.

Das bedeutet: Was Gott verheißen hat, hält er gewiß! Er kann nicht lügen. Darum gehen auch die Wundertaten an seinem auserwählten Volk weiter. Heute und morgen. „Am Israel chai". Israel lebt und wird leben. Weil Gott lebt und seine Verheißungen ewig gültig sind.

Welle der Hilfsbereitschaft

Die meisten der äthiopischen Juden sind als bettelarme Einwanderer aus dem „Armenhaus Afrikas" ins Gelobte Land gekommen. Sie haben meist nur das, was sie auf dem Körper tragen.

Bei ihrer Ankunft in Israel setzt spontan eine Welle der Hilfsbereitschaft für sie ein. Einzelpersonen und ganze Familien bringen sogleich kistenweise gebrauchte Kleider und Schuhe. Aber auch Getränke, Früchte und leckeren selbstgebackenen Kuchen. Auch Neueinwanderer aus der Sowjetunion, die selbst noch in Aufnahmelagern leben, beteiligen sich ebenfalls eifrig daran. Kinder schleppen Unmengen Spielzeug heran. Zum Dank leuchten ihnen fröhliche schwarze Gesichter entgegen.

Die Behörden und zahlreiche jüdische Organisationen, auch christliche!, tun ein übriges. Alle wollen sie helfen. Und sei es „nur", daß man die Väter und Mütter über das Leben in der neuen Heimat informiert und ihnen beispielsweise die modernen Wasserhähne und Spülklosetts erklärt. Manche wollen mit den Kleinen spielen oder mit den größeren Hebräisch lernen. Eine israelische Lehrerin erscheint gleich mit ihrer ganzen Schulklasse. Zunächst sind die schwarzen Kinder, die gerade aus Äthiopien gekommen sind, noch etwas schüchtern. Aber dann werden sie doch schnell vertraut. Wissen sie doch, wie schnell man Freundschaften schließen kann, wenn man lächelt.

Aus dem Mittelalter ins High-Tech-Zeitalter

Für die Olim aus Äthiopien ist die Heimkehr nach Zion ein „Jahrtausendsprung". In ihrer alten Heimat auf dem „Dach Afrikas" lebten sie weitgehend noch wie im Mittelalter. In der dörflichen Gemeinschaft gab es gewöhnlich weder fließendes Wasser noch Strom, Gas oder Erdöl. Die allermeisten „Errungenschaften" der westlichen Welt waren ihnen total fremd.

Plötzlich bringen sie nun weiße glitzernde Metall-Vögel (Düsenflugzeuge) innerhalb weniger Stunden aus ihren armseligen Strohhüttendörfern und Elendsquartieren der ausgemergelten äthiopischen Hauptstadt in die moderne Welt des 20. Jahrhunderts, der klimatisierten Hotels, des brausenden Autoverkehrs, der Fast-Food-Läden, der noblen Restaurants und der Modetempel.

Verständlich, wenn sich deshalb ein Familienvater bei der Ankunft im ehemals 5-Sterne-Hotel Diplomat in Jerusalem einfach nicht mehr zurechtfindet und sich weigert, den Lift zu betreten. Als man ihn nach dem Grund fragt, kommt die besorgte Antwort: „Dieses Zimmer ist viel zu klein. Hier kann doch nicht meine ganze Familie wohnen."

Den meisten Einwanderern „aus dem Mittelalter" muß man deshalb mit Hilfe von Dolmetschern, ehe man ihnen ihre Zimmer zuweist, erst einmal klarmachen, wie das Licht ein- und ausgeschaltet wird, was fließendes Wasser ist, ein Wasserklosett und Toilettenpapier. Und wie man die Tür abschließt, wenn man das Zimmer verläßt. Viele haben auch noch nie einen richtigen Spiegel besessen. Nun schauen sie zum ersten Mal bewußt hinein und können es kaum glauben: Das bin ich! So sehe ich aus! Die meisten kennen auch kein Krankenhaus von innen. Mütter mit drei, vier und fünf Kindern haben noch nie in einem Krankenhaus entbunden. Alles ist für sie so aufregend neu und anders.

So steht für die meisten am Ende ihrer Reise nach Zion nicht nur die Erlösung, sondern auch der Beginn eines neuen Lebens voller Probleme und Schwierigkeiten. Israel ist aber entschlossen, ihnen mit allen Kräften zu helfen, damit sie in ihrer neuen Heimat leben und glauben können. Schließlich hat Gott sie hierher gebracht. Und dies ist ein Vorzeichen des Kommens des Messias.

Die flatternden Flügel des Messias

Einige Wochen später gibt der israelische Schriftsteller Chaim Hefer, Gewinner des Israel-Preises, in dem folgenden Gedicht die Erregung und die Emotionen wieder, die er und ganz Israel während der „Operation Salomo" am 24. und 25. Mai 1991 empfanden:

Fünfunddreißig Stunden und siebenundzwanzig
Minuten.
Die Himmel brechen auseinander,
sie können nicht länger warten.
Die blauen Himmel von Morgen und Nachmittag
berühren die des Abends und der Sterne.
Flugzeuge fliegen den Pfad der Erlösung, ihre Flügel
der Liebe ausbreitend.
Die Passa-Hagada feiert ein neues Fest der Freiheit,
mutig und waghalsig und fügt den Annalen des
Durchquerens des Himmels über dem Roten Meer
Seite um Seite hinzu.

Fünfunddreißig Stunden und siebenundzwanzig
Minuten.
Wir möchten applaudieren, wir möchten weinen.

Welche Freude, wenn Träume wahr werden,
wenn man sie mit eigenen Händen berühren kann.
Wenn man sieht, wie die alte Prophezeiung sich vor
unseren Augen offenbart.
Fürchte dich nicht, mein Diener Jakob, fürchte dich
nicht!

Gestern sang das Meer sein Lied.
Heute ist es das Lied der Luftwaffe,
wenn ein Flügel den andern streichelt
und der Geruch von Treibstoff die Piste erfüllt,
und der Staat Israel, wie immer in seinen Momenten
des Ruhms, erregt ist und zittert.

Ob wir dieses Tages würdig sind?
Sicher sind wir es.
In unserer so brennenden und zwingenden Vision sind
wir wie trunken,
Worte und Sätze umbranden uns,
Tage des Schreckens, Nächte der Wunder.

Erst gestern sangen wir von blondem Haar
und blauen Augen.
Heute neigen wir uns schwarzen Gesichtern
und weiß strahlenden Augen zu.
Und alle zusammen verbreiten wir auf dem Flugfeld
unsere Liebe wie Teppiche,
denn hier bringt jedes kleine Kind,
das aus dem Flugzeug entsteigt,
das Flattern der Flügel des Messias mit sich.

Ein Stück Himmel auf Erden

Mit ihrer Ankunft in Israel haben die Beta Israel aus Äthiopien ein Stück Himmel auf Erden gewonnen. Indem sie zu
ihren Brüdern und Schwestern im Gelobten Land stoßen,
verkörpern sie wie alle anderen heimgekehrten Juden aus
den verschiedenen Ländern der Welt die Existenzberech-

tigung des jüdischen Staates, seine „raison d'etre": Ein Zu-
fluchtshafen für Juden aus aller Welt zu sein. Auch wenn das
heißt, sie praktisch in letzter Minute aus den Klauen des
Todes zu befreien und sie sicher auf den Boden Zions, ihres
wahren Heimatlandes, zu bringen. Das erinnert an einen Aus-
spruch des israelischen Nationaldichters Chaim Nachman
Bialik:

„Eine Nation besitzt nur soviel Himmel über sich wie Boden
unter ihren Füßen..."

In „Eretz Israel" wird dies besonders deutlich.

Wie die schwarzen Kinder Salomos heute in Israel leben

Eine der bedeutendsten jüdischen Volksgruppen im Heiligen Land

Seit 1973 hat der jüdische Staat rund 56.000 schwarze Kinder Salomos (Falaschas und Falascha-Mura-Juden) aufgenommen. Das ist fast die gesamte jüdische Volksgemeinschaft Äthiopiens. Sie ist heute eine der bedeutendsten landsmannschaftlichen jüdischen Volksgruppen in Israel, in dem Juden aus über 155 Ländern leben.

Die meisten sind bei mehreren großen Einwanderungswellen (Alija) ins Verheißene Land gekommen oder in kleinen Gruppen bzw. als Einzelne zwischendurch auf eigene Faust.

Bereits vor der „Operation Mose" erreichten 3.500 auf meist abenteuerlichen Wegen das biblische Heimatland. Während der „Operation Mose" (1984) sind es weitere 8.000. Zwischen 1985 und 1991 machen sich einzeln und in kleinen Gruppen insgesamt 13.500 auf nach Zion. Bei der „Operation Salomo" (1991) gelingt mittels einer gigantischen Luftbrucke innerhalb weniger Stunden 14.800 äthiopischen Juden der Exodus. Und nach der „Operation Salomo" bis 1995 sind es weitere 6.000, die ins Verheißene Land heimkehren.

Der Auszug aus Äthiopien ist aber immer noch nicht zu

Ende. Denn auch die letzten des einst verschollenen jüdischen Stammes wollen zu ihren anderen Brüdern und Schwestern nach Israel. Hinzu kommen noch 10.500 Kinder äthiopischer Eltern, die bislang in Israel geboren wurden.

Wie leben die schwarzen Kinder Salomos heute in ihrer neuen Heimat?

„Jetzt fangen die Probleme erst richtig an!"

Die Heimkehr der äthiopischen Juden bereitet Israel von Anfang an nicht nur Freude, sondern auch erhebliche Probleme. Als Teddy Kollek, der damalige Bürgermeister von Jerusalem, die Olim vom „Dach Afrikas" bei ihrer Ankunft auf dem Ben Gurion-Flughafen bei Tel Aviv sieht, wie sie die israelischen Flugzeuge verlassen und ehrfürchtig den Boden des Heiligen Landes küssen, sagt er halblaut: „Ich bin froh, daß wir sie nun hier haben. Aber jetzt fangen die Probleme erst richtig an!"

Und er hat recht. Denn für den Staat Israel bedeutet dies:

- Diese Menschen müssen versorgt und in die moderne israelische Gesellschaft eingegliedert werden. Und zwar zusätzlich zu den seit 1990 eingewanderten 260.000 Juden aus Gorbatschows riesigem Sowjetreich, deren Zahl ständig weiter zunimmt.
- Sie alle brauchen Essen und Trinken, Kleidung und Unterkunft. Denn die meisten kommen als bettelarme Leute.
- Sie müssen ärztlich versorgt und zum Teil gepflegt werden. Weil viele von ihnen durch den permanenten Hunger und durch ständige Kriegseinwirkungen geschwächt und krank sind.
- Sie müssen in der hebräischen Sprache unterrichtet und für das Leben im modernen Staat Israel vorbereitet werden.
- Sie brauchen Arbeit und Ausbildung.
- Vor allem aber brauchen sie menschliche Wärme und persönliche Zuwendung.

Die israelische Bevölkerung, die staatlichen Behörden und jüdische Hilfsorganisationen, wie die Jewish Agency und der Jüdische Nationalfonds KKL, tun für die Olim aus Äthiopien, was sie nur können. Ihre Hilfe ist überwältigend. Schließlich ist ein seit Jahrtausenden verlorener und vergessener jüdischer Volksstamm heimgekehrt. Auch christliche Organisationen helfen. So die Arbeitsgemeinschaft Christen für Israel e. V. in Wetzlar, die Internationale Christliche Botschaft in Jerusalem u. a.

Zunächst ist es äußerst schwierig, die „Genealogie" der Heimkehrer festzustellen. Nicht wenige haben entweder keine Personaldokumente bei sich, oder die Angaben darin sind fehlerhaft und ungenau. Sie kennen zwar alle ihren Vornamen, aber nicht alle ihren Familiennamen. Viele können auch keine Angaben zu ihrem genauen Geburtstag und Geburtsort machen. Oder das Alter, das sie angeben, ist mehr oder weniger fiktiv und steht vielleicht in Verbindung mit einem besonderen Ereignis in Äthiopien. Kenner der äthiopischen Verhältnisse versuchen deshalb mit Angehörigen der äthiopischen Gemeinschaft die Familienzugehörigkeit der Neuankömmlinge und ihre persönlichen Lebensdaten herauszufinden und zu registrieren. Gleichzeitig unternehmen sie große Anstrengungen, die Verwandten der Betreffenden ausfindig zu machen, die bereits in früheren Jahren nach Israel gekommen sind.

Eine weitere große Herausforderung für die Behörden und Hilfsorganisationen ist die Bereitstellung von Unterkünften. Dabei weiß das kleine Land Israel jetzt schon nicht, wo es die vielen Menschen aus der Sowjetunion und anderen Ländern menschenwürdig unterbringen soll. Der soziale Wohnungsbau hat in den letzten Jahren mit den Erfordernissen nicht mehr Schritt halten können. Überall herrscht Wohnungsnot. Zehntausende jüdischer Einwanderer aus der Sowjetunion leben bereits zum großen Teil in notdürftigen Unterkünften. Nun müssen für Tausende von Juden aus Äthiopien auch noch zusätzliche Wohnmöglichkeiten geschaffen werden. Die wenigen leerstehenden Hotels sind längst angemietet. Also müssen neue „Absorptions-Center"

geschaffen werden. Am Rande größerer Orte entstehen Zelt-
städte und Containersiedlungen. Zwei Zimmer in einem
Wohncontainer, ohne Wasser und Toilette, müssen sich bis zu
acht Personen teilen. Das ist nun vorerst für viele ihre neue
Heimstätte im Gelobten Land.

Ein Stück Äthiopien in Israel

Doch was für viele wie ein Slum und ein Alptraum aussieht,
nehmen die Falaschas mit Würde, Gelassenheit und Dank-
barkeit an. Schließlich haben sie es in ihrer Heimat in Afrika
im Prinzip zwar anders, aber nicht unbedingt besser gehabt.
Deshalb begegnet man in den primitiven Absorptions-Cen-
tern meist auch keinen mürrischen Gesichtern und klagen-
den Menschen. Für die Einwanderer aus Äthiopien ist die
neue Umgebung vielmehr weithin Normalität. Die älteren
Männer und Frauen tragen ihre weißen Schamma-Gewän-
der, ihre togaartige äthiopische Tracht. Die religiösen Führer,
die „Kessim", gehen als Zeichen ihrer Würde stets mit einem
Schirm, wie einst in ihrer afrikanischen Heimat. Aus den
Zelten und Containern dringen Laute in Amharisch nach
draußen. Über den Camps liegt der Geruch afrikanischer
Speisen, vor allem der des äthiopischen Nationalgerichts
„Indschera", das die Äthiopier fast jeden Tag mit Heißhunger
essen. Dunkelhäutige Kinder laufen umher, sprechen, schreien,
lachen – und grüßen den fremden Besucher freundlich win-
kend mit „Schalom". Mitten in Israel ein Stück Äthiopien!

Beginnende Eingliederung

Bereits nach einem halben bis zu einem Jahr können die meisten Falaschas ihre Wohnzelte und Wohncontainer verlassen.
80 Prozent von ihnen erwerben durch staatliche Zuschüsse in
den folgenden Jahren Wohneigentum.

Heute leben sie über das ganze Land verstreut. Die größte
Zahl hat in Galiläa ein neues Zuhause gefunden. Tiberias ist

..Ein Stück Äthiopien in Israel

Der überwiegende Teil der aus Äthiopien eingewanderten Juden ist sehr jung. Das Durchschnittsalter beträgt 14,7 Jahre.

Zunächst herrscht überall Wohnungsnot. Am Rande größerer Orte entstehen Zelt-städte und Containersiedlungen. Zwei Zimmer in einem Wohncontainer, ohne Wasser und Toilette, müssen sich bis zu acht Personen teilen.

57

FOTO: FRITZ MAY

Kulturschock und Generationskonflikte: Während sich die jungen Falaschas schnell in die moderne Industrie-, Kommunikations- und Konsumgesellschaft Israels integrieren, fällt es den älteren Gene-rationen schwer, die neue Sprache und Lebensweise anzunehmen.

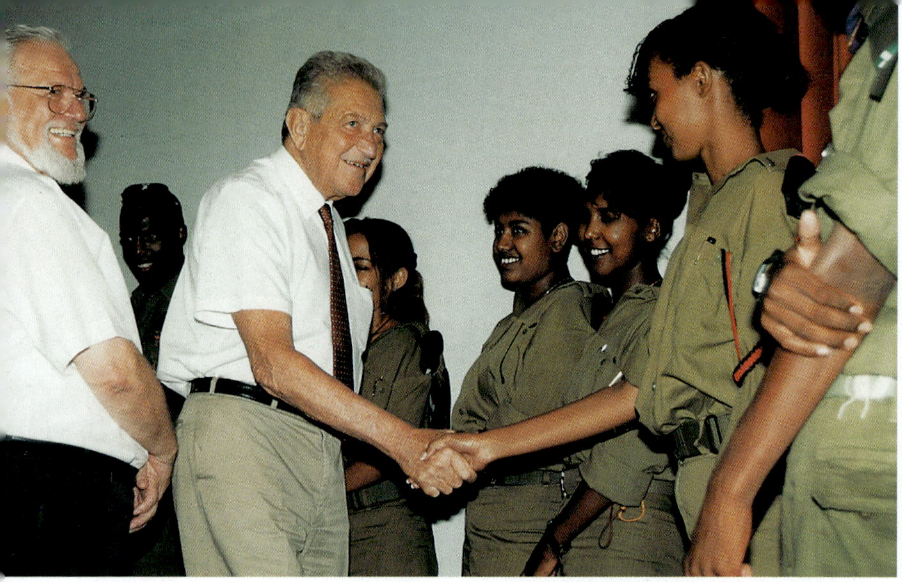

FOTO: ISRAELISCHES PRESSEAMT

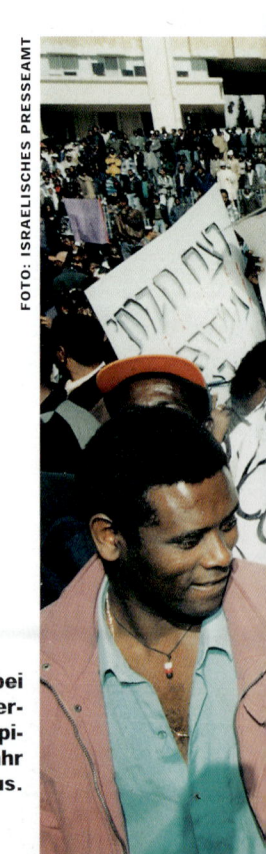

Das Bild zeigt Israels Staatspräsident Ezer Weizman, wie er einer äthiopischen Soldatin die Hand schüttelt, während der Minister für Integration Yair Tzaban zuschaut.

FOTO: ISRAELITISCHES WOCHENBLATT IN DER SCHWEIZ

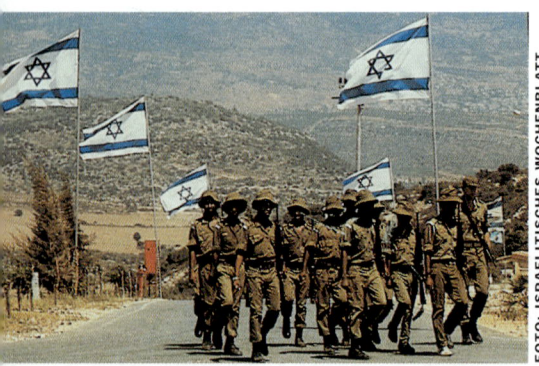

Israelische Heereseinheit von schwarzen jüdischen Falaschas. Sie wurden 1984 mit der Luftbrücke „Operation Moses" von Äthiopien nach Israel gebracht.

FOTO: ISRAELISCHES PRESSEAMT

Tausende von äthiopischen Juden bei einer Protestkundgebung gegen die Vernichtung von Blutspenden von äthiopischen Einwanderern wegen der Gefahr einer Infizierung mit dem HIV-Virus.

FOTO: ISRAELISCHES PRESSEAMT

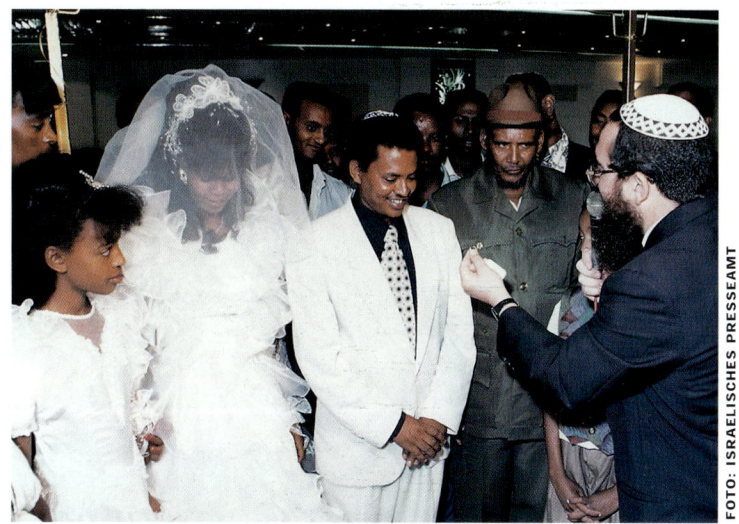

Rabbi Shlomo Azuelus traut die äthiopischen Einwanderer Uri und Rivka bei ihrer Hochzeit in Natanja.

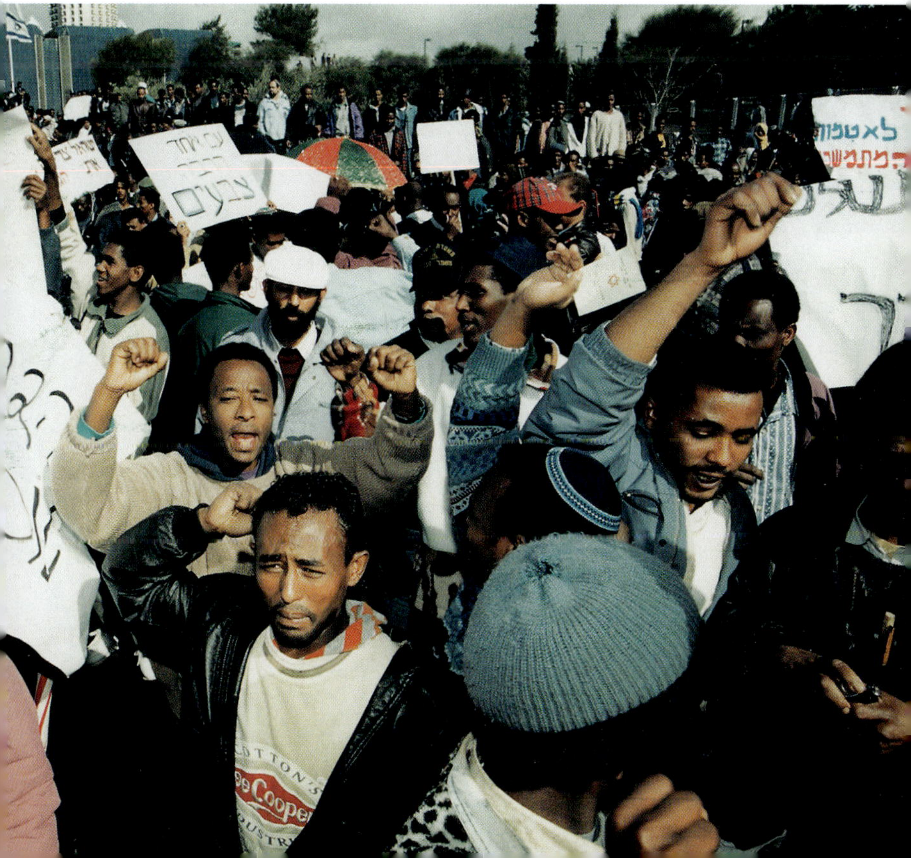

Äthiopische Juden feiern den Jahrestag der „Operation Salomo".

Äthiopische mes-
sianische Juden
treten in letzter
Zeit verstärkt an
die Öffentlichkeit
und bezeugen
mutig ihren Glau-
ben an den
Messias Jesus
Christus.

FOTO: FRITZ MAY

FOTO: FRITZ MAY

FOTO: ISRAELISCHES PRESSEAMT

FOTO: FRITZ MAY

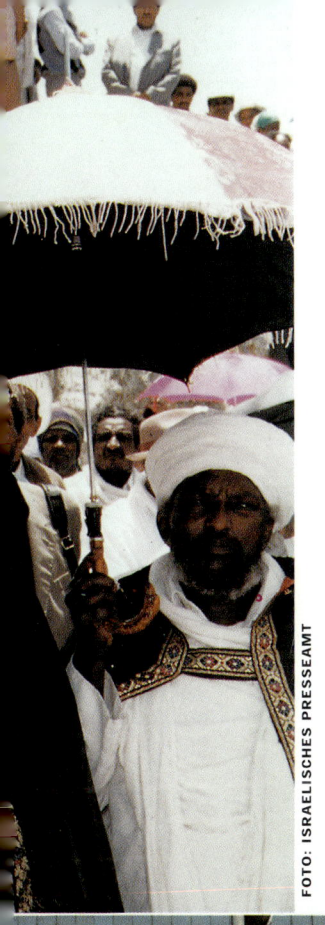

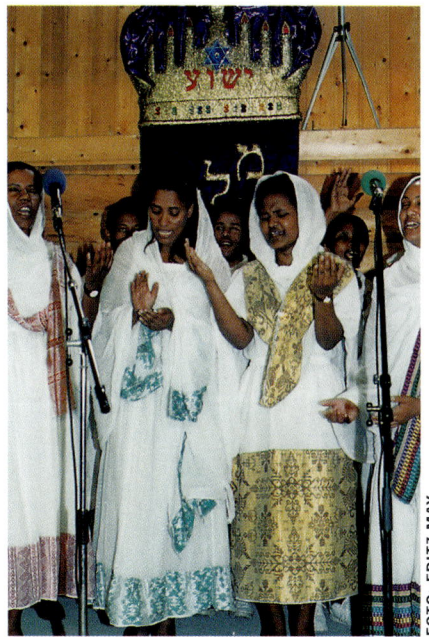

Seit mehr als einem Jahrhundert konvertieren durch den Dienst evangelischer Missionare Falaschas freiwillig und ohne Zwang zum Christentum.

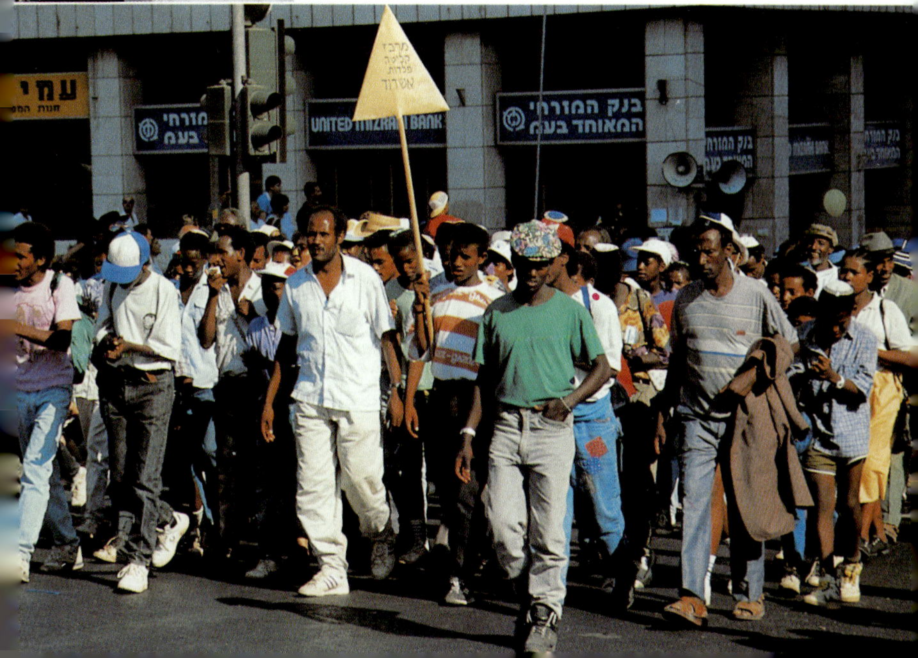

„Ich will sie sammeln aus allen Ländern ... und will sie heimbringen, damit sie in Jerusalem wohnen" (Jeremia 32,37; Sacharja 8,8).

Jüdisches Mädchen aus Äthiopien, das bei der „Operation Salomo" nach Zion kam, während der Feiern zum Unabhängigkeitstag Israels.

die Stadt mit den meisten äthiopischen Einwanderern. Aber auch in und um Tel Aviv und Jerusalem sowie im Negev haben sich viele niedergelassen.

Auch für ihre Berufsausbildung und Beschäftigung leisten die Behörden, Firmen und privaten Hilfsorganisationen Großes. 1996 haben 88 Prozent der Arbeitsfähigen eine Beschäftigung. 5 Prozent unterziehen sich einem Berufsförderungsprogramm. Und „nur" 7 Prozent sind arbeitslos.

Wer eine feste Arbeitsstelle hat, bei dem halten die Segnungen der Zivilisation bald Einzug. In ihren Wohnungen sieht man nach kurzer Zeit moderne Möbel, elektrische Geräte, Backöfen, Farbfernseher, Vorhänge und Teppiche. Dennoch leben viele andere weiterhin in schwierigen wirtschaftlichen Verhältnissen, nicht wenige sogar in Armut und unter dem Existenzminimum.

Die neue Welt der jungen Falaschas

Der überwiegende Teil der aus Äthiopien eingewanderten Juden ist sehr jung. Das Durchschnittsalter beträgt 14,7 Jahre. 60 Prozent sind unter 20 Jahren. Und 36 Prozent unter 10 Jahre alt.

Der „Jahrtausendsprung" aus der dörflichen Gemeinschaft in ihrer alten Heimat in die moderne Industrie-, Kommunikations- und Konsumgesellschaft Israels ist für viele junge Falaschas eine besondere Herausforderung. Sie bejahen die neuen Realitäten, sind lernwillig, aufnahmebereit und passen sich leicht ihrer neuen Umgebung an. Inzwischen haben 90 Prozent der Kinder und Jugendlichen Grund- und Hochschulen besucht und beherrschen perfekt die hebräische Sprache (Ivrit). Sie können problemlos Zeitungen lesen, Fernsehprogrammen und dem Unterricht folgen. Sie befassen sich mit Computern und anderem High-Tech sowie mit moderner Demokratie. Und sie sind stolz auf das, was sie in der Schule und im Beruf schon alles gelernt haben.

Aber sie erliegen zunehmend auch dem Reiz des „new way of life", dem neuen Lebensstil der modernen israelischen Gesellschaft. Sie lernen die Gleichberechtigung kennen, sind im Umgang mit dem anderen Geschlecht freizügiger und vor allem konsumorientiert. Sie wollen eben wie die anderen weißen jungen Israelis sein: weltoffen, modern, gebildet, besitzend, das Leben in vollen Zügen genießend. Nur eines wollen sie nicht sein: die rückständigen Juden aus den Strohhüttendörfern der Provinz Gondar.

Ihr besonderer Stolz ist, in der israelischen Verteidigungsarmee (Zahal) zu dienen. Gegenwärtig sind es 1.500 junge Männer und Frauen. „Wir sind bewußte Soldaten des Staates Israel", sagen sie. Die meisten gehören Eliteeinheiten an und haben bereits als erfolgreiche Offiziere hohe Ränge in der Armee erreicht. Sie beherrschen moderne Nachrichtentechniken, elektronische Feuerleitsysteme, Integralabrechnungen und komplizierte militärische Computer-Programme. Schon in biblischer Zeit waren die äthiopischen Juden sehr wehrfähige Soldaten (Jesaja 18,1.2).

Im Jahre 1996 wird sogar erstmals in der Geschichte des jüdischen Staates ein Falascha als Abgeordneter der Arbeiterpartei ins israelische Parlament (Knesset) gewählt. Es ist der 37jährige Adissu Messele. Er ist in Gondar im Hochland von Äthiopien geboren. 1980 flüchtete er über den Sudan nach Israel. Dort gründete er die Basisorganisation „Beta Israel". Als sich 1990 die verschiedenen Gemeinden zur „Vereinigten Äthiopischen Jüdischen Organisation" zusammenschließen, wird er ihr Präsident. Er ist es noch immer.

Ebenfalls im Jahre 1996 übernimmt die 30jährige Belaynesh Zevadia als erste Falascha eine Stelle im diplomatischen Dienst. Sie, die 1984 aus Äthiopien emigrierte, wird Israels Vize-Konsul in Chicago (USA).

Kulturschock und Generationskonflikte

Die ältere Generation der Beta Israel hat es dagegen äußerst schwer, sich in der neuen Heimat Israel zurechtzufinden.

Da ist zunächst einmal das Sprachproblem. Bei ihrer Ankunft im Gelobten Land sprechen sie außer einigen wenigen hebräischen Worten wie „Schalom" (allgemeiner Gruß zu jeder Tageszeit) und „Lehitraot" (Auf Wiedersehen) nur ihre Muttersprache Amharisch. Und das Erlernen der neuen Sprache fällt ihnen äußerst schwer. Das hat zur Folge, daß die Eltern und Großeltern zunächst fast völlig auf die Hilfe ihrer Kinder und Enkel angewiesen sind, die in kürzester Zeit fließend Hebräisch sprechen. War früher der Vater das Oberhaupt der Familie, ist er nun plötzlich weitgehend abhängig von seinen Kindern, die jetzt zu seinen Lehrmeistern werden, sei es beim Zeitunglesen, beim Fernsehschauen, beim Einkaufen, bei Behördengängen, beim Arztbesuch u. a. Dies wiederum führt in kürzester Zeit zum Zusammenbruch der bisherigen Familienstruktur, in der die Älteren die Führungsrolle hatten und die Kinder und Enkel unter dem Einfluß der Eltern standen. Doch nun ist alles anders geworden.

Während die älteren Menschen mit ihren Familien früher in schlichten Dörfern fernab der westlichen Zivilisation lebten, werden sie jetzt mit dem modernen Industriestaat Israel und der weithin europäisch und amerikanisch geprägten Lebensweise der israelischen Gesellschaft konfrontiert. Aus religiösen, kulturellen und moralischen Gründen lehnen sie diesen „way of life" mit seinen westlichen Errungenschaften jedoch weitgehend ab. Oder stehen ihm zumindest skeptisch gegenüber. Gleichzeitig aber müssen sie mitansehen, wie ihre Kinder und Enkelkinder den alten Traditionen den Rücken kehren, ihre Muttersprache nicht mehr sprechen, anderen Leitbildern folgen und fest entschlossen sind, ihren eigenen Lebensstil zu führen.

Kulturschock und Generationskonflikte bewirken, daß sich immer mehr ältere Menschen das Leben nehmen. Die israelischen Behörden haben diese Probleme erkannt und tun mittlerweile alles, um ihnen durch gezielte Maßnahmen zu begegnen.

Der Skandal mit Aids

In den letzten Jahren häufen sich Berichte über vielfältige Diskriminierungen, denen die äthiopischen Juden in Israel ausgesetzt sind. Viele werden heute als „Bürger zweiter Klasse" angesehen und behandelt. In der sonst multikulturellen israelischen Gesellschaft werden sie von vielen einfach als „Schwarze", „Wilde" und „primitive Menschen" bezeichnet, „die keine Erziehung genossen haben". Vor allem aber wirft man ihnen vor, aids-infiziert zu sein, wie es viele Völker in Afrika sind.

Im Frühjahr 1996 kommt es unter den äthiopischen Einwanderern zu einem mächtigen Aufruhr, der in der israelischen Öffentlichkeit, teilweise auch im Ausland, großes Aufsehen erregt. Mehr als 10.000 demonstrieren vor dem Amtssitz des damaligen israelischen Premierministers Shimon Peres. Die Bilanz der Straßenschlacht: 70 zum Teil schwer Verletzte! Ungläubig und schockiert verfolgen in jenen Tagen die Israelis am Fernsehen das unerwartete Ereignis. Denn bis dahin gelten die frommen Beta Israel aus Äthiopien als ein Musterbeispiel von Zurückhaltung und Friedfertigkeit.

Was hat sie so in Rage gebracht? Es ist der Beschluß des Gesundheitsministeriums, alle ihre Blutspenden zu vernichten. Begründet wird dies mit dem 50fach erhöhten Aidsrisiko der Äthiopier. Ihre Sprecher sind empört und bezeichnen das Verhalten der Behörden als „Rassismus". Sie reichen Klage beim Obersten Gerichtshof ein. Nachdrücklich weisen sie darauf hin: „Aids ist keine genetische Krankheit. Es ist auch keine Krankheit, die besonders von den äthiopischen Juden verbreitet wird."

Peres beeilt sich, die äthiopisch-jüdische Gemeinschaft „im Namen der Regierung" um Verzeihung zu bitten. Für die Blutspenden wird eine Zwischenlösung gefunden. Sie werden tiefgefroren und so lange gelagert, bis die Regierung beschließt, was damit künftig geschehen soll. Der Blutskandal ist damit aber noch nicht ausgestanden. Bis sich die Wut der sonst so auf Würde und Anstand bedachten Beta Israel gelegt hat, wird es wohl noch eine Weile dauern.

Diskriminierung durch das orthodoxe Judentum

Auch in religiöser Hinsicht müssen die Beta Israel im jüdischen Staat manche Diskriminierung und Demütigung von seiten des etablierten orthodoxen Judentums hinnehmen, bis sie schließlich als Voll-Juden akzeptiert werden.

Obwohl Israels sephardischer Oberrabbiner Ovadiah Yosef sie bereits 1973 mit Unterstützung seines aschkenasischen Kollegen Schlomo Goren als „Nachkommen des Stammes Dan" anerkannt hat, verlangen das Oberrabbinat und die orthodoxen Rabbiner, daß ihre Rückkehr zum Judentum mit einer erneuten (symbolischen) Konversion (Bekehrung) verbunden sein müsse. Begründung: weil sie das mündliche Religionsgesetz der Rabbiner (Talmud u. a.) nicht kennen und praktizieren. Die Befolgung der Tora reiche allein nicht aus. Erst als die Beta Israel die Forderung des orthodoxen Judentums als unzumutbar ablehnen und das Oberste Gericht anrufen, werden sie von der Führerschaft des orthodoxen Judentums als Voll-Juden anerkannt.

Aus demselben Grund werden zunächst auch die geistlichen Führer der äthiopischen Juden, die „Kessim", nicht als Rabbiner zugelassen und von allen Personenstandsangelegenheiten ausgeschlossen. Sie dürfen zum Beispiel weder Trauungen noch andere religiöse Handlungen vornehmen. Erst als die meisten „Kessim" ein mehrjähriges Talmudstudium absolviert haben, werden sie vom Oberrabbinat und dem Religionsministerium als Rabbiner eingesetzt und autorisiert, die äthiopische jüdische Gemeinschaft in Israel im Sinne der Halacha (Religionsgesetz) zu leiten. Mitte 1995 werden die ersten 12 äthiopischen „Kessim" als Rabbiner offiziell in ihre Ämter eingeführt. Bis dahin können beispielsweise junge äthiopische Paare, die heiraten wollen, nur von einem orthodoxen israelischen Rabbiner getraut werden.

Der biblischen Tradition verpflichtet

Seitdem die Beta Israel im Heiligen Land leben, beharren sie in großer Glaubenstreue weitgehend auf der eigenen biblischen Tradition. Für die meisten gilt allein die Tora. Zwar haben sich ihre „Kessim" inzwischen intensiv mit den rabbinischen Traditionen aus nachbiblischer Zeit befaßt, aber für die meisten frommen Juden aus Äthiopien sind sie nach wie vor fremd. In ihrer Religiosität unterscheiden sie sich von den anderen orthodoxen Juden kaum. So feiern sie wie ihre weißen Brüder und Schwestern die biblischen Fest- und Feiertage, z. B. Rosh Ha'schana (Neujahrsfest), Jom Kippur (Großer Versöhnungstag) u. a., wie sie in der Bibel beschrieben werden (3. Mose 23, 24f; 4. Mose 29,1; Psalm 81,4; 3. Mose 16).

Rafael Kadana, einst „Ober-Kessim" in der Provinz Gondar, erinnert sich an diese beiden Feste in seiner alten Heimat:

„Rosh Ha'schana war ein besonderer Feiertag für uns. In unserer Sprache hieß er: ‚Barachan Tzarka' (Erinnere dich an Abraham!). Wir feierten das Fest zur Erinnerung an die Opferung Isaaks. Bei Sonnenaufgang begannen wir mit unseren Gebeten in der Synagoge. Oft kamen die Leute von weit her. Im Mittelpunkt dieses Tages stand das Blasen auf dem Schofar (Widderhorn). Am Abend des Jom Kippur gingen wir auf einen Berg, wo wir Gott ein fehlerloses weißes Schaf opferten. Als wir nach Israel kamen, war dies nicht mehr möglich. Denn seit der Zerstörung des Tempels gibt es in Israel keine Tieropfer mehr. Es ist durch Beten und Fasten ersetzt worden. Es ist deshalb für uns sehr schwer, das alte biblische Gebot nicht mehr erfüllen zu können."

Es bleibt abzuwarten, wie sich bei den Beta Israel die Form ihres Glauben, wie sie die Tora von altersher fordert und die sie über zwei Jahrtausende bewahrt haben, in das moderne Israel einfügt und vom übrigen Judentum akzeptiert wird.

Zeichen des Gedenkens

Die Juden aus Äthiopien fühlen sich nicht nur ihren alten biblischen Traditionen verpflichtet. Sie gedenken seit der Heimkehr nach Zion auch ihrer jüngsten Vergangenheit.

So feiern sie jedes Jahr nicht nur den Tag ihrer individuellen Heimkehr, sondern auch den Jahrestag der „Operation Salomo". An diesem Tag treffen sich im Sacher-Park in Jerusalem nahe der Knesset, Tausende von Mitgliedern der äthiopisch-jüdischen Gemeinschaft, um ihre Freude über ihre Rettung und Heimkehr zum Ausdruck zu bringen. Daran nehmen stets hohe israelische Politiker und Militärs teil. Als Zeichen der Freude finden dann wahre Kuss-Zeremonien statt, mit denen sich Jung und Alt, Familienmitglieder und Freunde sowie Soldaten in Uniform begrüßen. Dabei küssen sie sich in der Regel fünf- bis sechsmal vom Kopf über die Knie bis zu den Füßen.

Aber sie gedenken auch all jener, die bei dem Versuch, ins Verheißene Land zu gelangen, durch Hunger, Krankheit und unvorstellbare Strapazen unterwegs oder in den Flüchtlingslagern ums Leben kamen. So erreichten von den ca. 20.000 äthiopischen Juden, die 1984/85 während der „Operation Mose" und „Operation Saba" in sudanesischen Flüchtlingslagern dahinvegetierten, nur etwa 9.000 Israel. Über 4.000 starben in den Lagern. Es gibt keine äthiopische Familie, die auf dem Weg nach Zion nicht mindestens den Tod eines Angehörigen zu betrauern hätte. Ihnen allen hat man in Israel ein Denkmal gesetzt. Es besteht aus fünf in Steinen gehauene Reliefs. Sie symbolisieren die Geschichte der langen Reise der äthiopischen Juden von ihren Dörfern über die Flüchtlingslager im Sudan nach Israel. Das Denkmal steht im „Äthiopien-Wald" beim Kibbuz Ramat Rachel im Süden von Jerusalem.

Ein weiterer Mosaikstein in der israelischen Gesellschaft

Trotz zahlreicher und schwerwiegender Probleme in der Vergangenheit sind die meisten der äthiopischen Juden heute in Israel voll integriert und werden von der israelischen Gesellschaft weitgehend akzeptiert. Ein Gutachten, das im November 1995 vom IDC-Brookdale-Institute veröffentlicht wurde, bestätigt das:

- 75–88 Prozent der Olim aus Äthiopien sind zufrieden mit ihren Wohnungsverhältnissen.
- 80–86 Prozent sind zufrieden mit ihrer Umgebung.
- 76–96 Prozent bezeichnen ihre Beziehungen zu den nichtäthiopischen Juden als gut.
- 97 Prozent der äthiopischen Kinder spielen mit anderen israelischen Kindern.

Obwohl die Juden aus Äthiopien die Möglichkeit haben, ihre Kultur und Tradition innerhalb der israelischen Gesellschaft weiter zu pflegen, fühlen sich viele nicht mehr als Falaschas, sondern als echte Israelis, eben als Beta Israel im jüdischen Land.

Israels Staatspräsident Ezer Weizmann hat ihnen ein gutes Zeugnis ausgestellt:

„Die Israelis äthiopischer Herkunft sind feine Menschen, voller Würde, Takt und Charme, so angenehm, echte Zionisten, die glücklich sind, daß sie in Eretz Israel sein dürfen. Feine Menschen!"

Längst haben sie das Bild der multikulturellen israelischen Gesellschaft geprägt. Als integraler Bestandteil der jüdischen Volksgemeinschaft sind sie aus dem israelischen Alltag nicht mehr wegzudenken. Damit findet die Verheißung Gottes ihre aktuelle Erfüllung:

„Auf den Bergen Zions mache ich ein einziges Volk aus ihnen unter einer Regierung" (Hesekiel 37,22).

Äthiopische Juden, die an Jesus glauben

4.000 „Falascha-Mura-Juden" warten noch auf ihre Heimkehr nach Zion

Nach Schätzungen jüdischer Organisationen und der israe-lischen Regierung leben in Äthiopien noch „mehrere Tau-send Juden". Viele von ihnen sind sogenannte „Falascha-Mura-Juden".

Bereits bei der „Operation Mose" gelangen mehrere hun-dert nach Israel. Bei der „Operation Salomo" sind es etwa 2.500. Weitere 4.000 werden jedoch bei dieser bislang letzten großen Rettungsaktion nicht ausgeflogen. Sie müssen in Ad-dis Abeba zurückbleiben. Weil sie nach Auffassung des or-thodoxen Judentums in Israel und der israelischen Einwan-derungsbehörde Christen sein sollen. Aber auch sie wollen in das Heimatland ihrer Glaubensväter zurückkehren. Indessen warten sie zusammen mit anderen Falaschas in mehreren Flüchtlingslagern der äthiopischen Hauptstadt auf ihre Heimkehr nach Zion. Jeden Monat dürfen unter bestimmten Bedingungen aber nur wenige von ihnen die Reise ins Ge-lobte Land antreten.

Wer sind die „Falascha-Mura-Juden"?

Es handelt sich um Juden, die zum Christentum konvertiert sind und seitdem der äthiopisch-orthodoxen Kirche oder einer anderen christlichen Konfession angehören. Oder es sind Nachkommen von Juden, die in den vergangenen Jahrhunderten Christen geworden sind und zum Judentum zurückkehren wollen.

Daß es in Äthiopien immer wieder Judenchristen gegeben hat, ist nicht ungewöhnlich. Einer der bekanntesten Vertreter aus biblischer Zeit ist der bereits erwähnte äthiopische Finanzminister, der sich als „Kämmerer der Königin Kandake aus dem Mohrenland" in Jerusalem aufhält. Als Jude betet er im Tempel Gott an, und als äthiopischer Judenchrist kehrt er in seine Heimat zurück (Apostelgeschichte 8,27ff).

Auch in den folgenden Jahrhunderten werden Juden Christen und konvertieren zur äthiopisch-orthodoxen Kirche.

Orthodoxe jüdische Kreise behaupten, daß die „Falascha-Mura-Juden" von Christen stets unter Zwang bekehrt und getauft worden seien. Sie vergleichen sie deshalb gern mit den „Marranen", die als Juden im Mittelalter in Spanien und Portugal gezwungen wurden, zum römischen Katholizismus überzutreten. Denn nach traditioneller jüdischer Vorstellung würde ein Jude niemals aus Überzeugung zu einer anderen Religion wechseln. Manche Historiker und Wissenschaftler zweifeln allerdings daran, ob sich der Übertritt der äthiopischen Juden zum Christentum mit dem der „Marranen" vergleichen läßt. Denn wohl kaum ein „Falascha-Mura" ist durch direkten Zwang von Christen ein Christ geworden. Die meisten der Konvertierten haben vielmehr aus sozialen und wirtschaftlichen Gründen gehandelt, um ihren Lebensstandard zu verbessern oder antisemitischer Diskriminierung und Verfolgung zu entgehen. Ähnlich wie viele Juden des 19. Jh. formell „Christen" wurden, um in der Gesellschaft Anerkennung zu finden.

Seit mehr als einem Jahrhundert konvertieren auch durch den Dienst evangelischer Missionare Falaschas freiwillig und ohne Zwang zum Christentum. Viele von ihnen sind zwar Namenschristen. Aber es gibt auch echte und überzeugte Übertritte.

Diese äthiopischen Juden haben nach ihrer Konversion zum Christentum ihre Verbindung zu ihren nicht übergetretenen Familienangehörigen und Verwandten nicht aufgegeben, so daß Israel bislang vielen „Falascha-Mura-Juden" aus Gründen der Familienzusammenführung" die Einwanderung erlaubt hat.

Wird Gott nun auch die Heimkehr weiterer Falascha-Mura-Juden gelingen lassen, auch wenn sie sich zum christlichen Glauben bekennen?

Kontroverse um die Getauften

Während die allermeisten der äthiopischen Juden in Israel und eine breite Mehrheit der israelischen Gesellschaft dafür ist, daß auch die Falascha-Mura-Juden nach Israel kommen dürfen, lehnen verschiedene religiöse und säkulare Kreise zunächst ihre Aufnahme entschieden ab, auch die israelischen Einwanderungsbehörden. Denn nach Israels Rückkehrgesetz kann nur ein Jude die volle und uneingeschränkte Staatsbürgerschaft mit allen damit im Zusammenhang stehenden staatlichen Vergünstigungen erhalten, der sich zum Judentum bekennt. Ist er jedoch zum Christentum konvertiert, verliert er diesen Anspruch. Er kann zwar Israeli nach anderen Bestimmungen werden, aber er wäre als Israeli im jüdischen Staat kein Jude.

Die seinerzeit amtierenden israelischen Oberrabbiner Avraham Shapira und Mordechai Eliahu sind dagegen ganz anderer Meinung. In einem gemeinsamen Aufruf fordern sie, man müsse auch die Falascha-Mura nach Israel holen. Denn sie seien in Äthiopien unter Zwang oder aus wirtschaftlichen Gründen getauft worden und nicht aus innerer Überzeugung zum Christentum konvertiert. Sie sollten deshalb in das Land ihrer Väter heimkehren dürfen, müßten aber innerhalb von drei Jahren nach ihrer Ankunft durch eine symbolische Handlung formal wieder zum orthodoxen Judentum zurückkehren.

Die Oberrabbiner berufen sich dabei auf das rabbinische Religionsgesetz, die Halacha. Darin heißt es, daß ein Jude auch dann ein Jude bleibt, wenn er sündigt.

Dazu schreibt der in Jerusalem lebende orthodoxe Rabbiner und frühere Chefkorrespondent des „Israelitischen Wochenblattes" in der Schweiz, Dr. Roland Gradwohl:

„Selbst wenn ein Jude sich einem anderen Glauben anschließt, bleibt er ein Jude. Einen Austritt aus der jüdischen Religion gibt es aus jüdischer Sicht nicht ... Er hat das Judentum nicht verlassen, weil er es gar nicht verlassen kann ..."

Aber erst nachdem sich eine Kommission von orthodoxen Rabbinern und Richtern der rabbinischen Gerichte sowie der religiösen Führer der äthiopischen Juden für die Rückführung der Falascha-Mura ausspricht, beschließt die israelische Regierung, sie nach dem Rückkehrgesetz einwandern zu lassen. In Israel sollen sie innerhalb einer angemessenen Frist selbst entscheiden, ob sie Christen bleiben oder zum Judentum zurückkehren wollen. Entsprechend ihrer Entscheidung sollen sie dann als äthiopische Juden oder als christliche Israelis anerkannt werden.

Seit Ende 1996 kommen nun monatlich mehrere Dutzend Falascha-Mura in kleinen Gruppen nach Israel. Die Führer der äthiopischen Gemeinschaft würden es aber gern sehen, wenn die israelische Regierung erneut eine Luftbrücke einrichten würde, um die in den Flüchtlingslagern von Addis Abeba noch wartenden Falaschas und Falascha-Mura auf einmal heimzubringen. Israels Premierminister Benjamin Netanjahu lehnt jedoch eine erneute Luftbrücke ab. Denn die Regierung und die orthodoxe Kirche Äthiopiens würden dem nicht zustimmen, weil sie die Falascha-Mura nicht als Juden, sondern als Christen betrachten. Der israelische Regierungschef sicherte aber den Leitern der Beta Israel zu, daß über diplomatische Kanäle alles versucht werde, jeweils eine größere Anzahl von ihnen nach Israel zu holen.

Die Rückführung der noch in Äthiopien verbliebenen und einwanderungswilligen Falascha-Mura ist ganz im Sinne Gottes:

„Der HERR wird noch einmal die Hand erheben: Dann wird er den Rest seines Volkes befreien. Er wird die zurückholen, die übriggeblieben sind … in Äthiopien …" (Jesaja 11,11).

Staatliche Anerkennung nach 10 Jahren Untergrundgemeinde

Unter den Falascha-Mura-Juden, die bislang nach Israel heimkehrten, befinden sich auch über 300 messianische Juden, die sich ausdrücklich zu Jesus als ihrem Messias bekennen. Die meisten sind keine traditionellen Kirchenchristen, sondern eher mit evangelikalen Christen zu vergleichen. Sie stehen in einer persönlichen Beziehung zu Jesus Christus, haben aber ihre jüdische Identität nicht aufgegeben. Als christusgläubige Juden sind sie zugleich glühende Zionisten und verantwortungsbewußte Staatsbürger Israels.

Seit mehr als 10 Jahren versammeln sie sich in Israel in kleinen Hauskreisen. Lange Zeit lebten sie sehr zurückgezogen, weil sie von den ultra-orthodoxen Juden und besonders von ihren eigenen Landsleuten diskriminiert werden. Kokeb Gedamu, einer ihrer heutigen Gemeindeleiter, berichtet: „Wir hatten in den vergangenen Jahren viel Verfolgung durch andere, nichtgläubige Einwanderer aus Äthiopien zu erleiden. Deshalb gingen wir in den Untergrund." Die meisten äthiopischen messianischen Juden sind darum auch bislang nicht sonderlich an die Öffentlichkeit getreten. Nicht zuletzt deshalb, um ihre noch in Äthiopien lebenden Familienmitglieder nicht zu gefährden, die alle noch nach Israel kommen wollen.

Inzwischen hat sich die Situation für sie in Israel erheblich verbessert. Die leitenden Brüder schreiben:

„Nach mehr als 10 Jahren Untergrundgemeinde erhielten wir nun von den israelischen Behörden die Genehmigung, uns zu versammeln. Am 1. Mai 1996 wurden wir unter der Bezeichnung ‚Torch of Gideon' (Fackel Gideons) als religiöse äthiopische Gemeinschaft anerkannt."

Kleine Gemeinden und Hausbibelkreise, die ihrer völkischen Herkunft und Tradition entsprechen, existieren bereits in Jerusalem, Tel Aviv, Netanja, Haifa, Hadera, Rehovot, Ramle und Eilat. Darüber hinaus findet alle zwei Wochen in Yad HaShmona, einem Kibbuz bei Jerusalem, ein landesweites Treffen statt. Es beginnt am Freitagabend und endet am Samstagabend (Schabbat). Daran nehmen aus dem ganzen Land jeweils bis zu 350 Erwachsene und Kinder teil. Die Gottesdienste werden bis jetzt noch in Amharisch abgehalten, weil die meisten Besucher noch nicht genügend Hebräisch beherrschen.

Zwischen den an Jesus gläubigen schwarzen Kindern Salomos und den in Israel schon lange bestehenden messianischen Gemeinden gibt es mittlerweile enge Kontakte. Sie treffen sich zum Austausch und Gebet auf gemeinsamen Konferenzen. Asher Intrater, der Generalsekretär der Israelischen Messianisch-Jüdischen Allianz in Israel, über die messianischen Juden aus Äthiopien:

„Sie sind wie die messianischen Juden aus anderen Ländern Teil des vielschichtigen Leibes Jesu Christi. Und wir sind alle sehr froh, daß sie hier sind."

In letzter Zeit treten sie auch verstärkt an die Öffentlichkeit und bezeugen mutig ihren Glauben an den Messias Jesus Christus. Und dies wird für die Zukunft nicht ohne segensreiche Auswirkungen bleiben für die israelische Öffentlichkeit und für das messianische Judentum in Israel mit ihrem Zeugnis von Jesus Christus.

Nachwort:
Gottes Plan –
Alle Juden nach Israel!

Der weltweite Massenexodus

Die Heimkehr der Juden aus Äthiopien ist ein wichtiger Meilenstein in der langen Geschichte des Zionismus.

Wer heute befürchtet, daß er im Zuge des Friedensprozesses im Nahen Osten und der möglichen Schaffung eines palästinensischen Staates im Zentrum des biblischen Heimatlandes Israel am Ende sei und keine Zukunft mehr habe, irrt sich.

Das Gegenteil ist der Fall: Der Zionismus als gottgegebene Heimkehr der Kinder Israels aus allen Ländern ist keinesfalls abgeschlossen. Er geht mit unterschiedlicher Stärke weiter.

Dafür bürgen Gottes Verheißungen!

Gott hat beschlossen:
1. „ICH will sie sammeln aus allen Ländern... und will sie heimbringen, damit sie in Jerusalem wohnen" (Jeremia 32,37; Sacharja 8,8).

Bisher sind aus mehr als 150 Ländern – vielfach unter exotischen Code-Namen – mehr als 2,6 Millionen Juden nach Israel heimgekehrt. Hier eine kurze (unvollständige) Übersicht:

Sowjetunion

1882–1902 „Bilu":	24.000
1904–14:	34.000
1919–23 (inkl. Polen und Rumänien):	35.000
1990– Juni 91:	260.000
Aug. 91–1996:	400.000

Jemen

| 1919–48: | 15.000 |
| 1948–50 „Operation Zauberteppich": | 54.000 |

Irak

| 1948–50 „Operation Esra u. Nehemia": | 110.000 |

Türkei

| 1948–53: | 35.000 |

Rumänien

| 1948–90: | 300.000 |

Syrien

| 1948–56: | 4.000 |

Ägypten

| 1948–53 „Operation Gosen": | 14.000 |
| 1956: | 12.000 |

Algerien und Tunesien

| 1948–67: | 70.000 |

Afghanistan

| 1949–50: | 4.000 |

Kurdistan

| 1949–50: | 7.000 |

Libyen

1949–51:	32.000
1953–54:	40.000

Iran

1949–50:	25.000
1979:	2.000

Indien

1950:	12.000
1951:	2.500

Marokko

1959–65 „Operation Jachin":	260.000

Äthiopien

vor 1984:	3.500
1984 „Operation Mose":	8.000
1985 „Operation Saba":	1.000
1985–91:	12.500
1991 „Operation Salomo":	14.800
Danach bis heute:	6.000

Bis Ende 1996 hat sich die Zahl der Juden in Israel auf 4.700.000 erhöht.

2. „ICH will noch mehr zu der Zahl derer, die versammelt sind, hinzufügen" (Jesaja 56,8).

Das ist ein klares Votum Gottes gegen ein Ende des Zionismus und für seine Fortsetzung.

Zugleich spricht es für die Realität. Denn immer mehr Juden aus einer Vielzahl von Ländern wollen nach Israel. Eine Auswahl:

Aus Ländern der Ex-Sowjetunion:	200.000
Aus Indien:	20.000
Aus Syrien:	2.000
Aus Äthiopien	4.000
Aus dem Jemen:	3.500

Dennoch lebt die Mehrheit der jüdischen Weltbevölkerung von schätzungsweise 12 Millionen immer noch außerhalb des Verheißenen Landes:

USA:	ca.	5.700.000
Ex-Sowjetunion:	ca.	800.000
Frankreich:	ca.	530.000
Großbritannien:	ca.	330.000
Kanada:	ca.	305.000
Argentinien:	ca.	300.000
Brasilien:	ca.	150.000
Südafrika:	ca.	120.000
Australien:	ca.	80.000
Indien:	ca.	60.000
(Chin-Kuki-Juden, die von Manasse, dem Sohn Josephs abstammen sollen)		
Deutschland:	ca.	55.000
Schweiz:	ca.	18.300
Österreich:	ca.	12.000

3. „ICH habe sie einst aus ihrem Land weggeführt und unter die Völker zerstreut, aber ich hole sie wieder zusammen und lassen nicht e i n e n von ihren zurück" (Hesekiel 39,28).

Alle Juden sollen also nach Israel. Das ist Gottes Wille!

Sind alle „Juden" Juden?

Freilich werden niemals alle Juden nach Israel immigrieren, weder freiwillig noch unter Zwang. Denn viele sind längst assimiliert und haben kaum noch oder gar keine Verbindung und Beziehung mehr zum Judentum und zum Glauben ihrer Väter: Sie wollen vielmehr nun Nichtjuden sein und wie Menschen aus anderen Völkern leben (Hesekiel 20,32). Darum sind auch nicht alle „Juden" Juden. Biologisch schon, aber nicht religiös und der jüdischen Tradition verbunden.

Juden sind – wohlgemerkt nach der Bibel! – nur die, die in ihrem Herzen an Gott glauben, seinen Ruf zur Heimkehr in das Land der Verheißung hören und ihm in Gehorsam folgen (vgl. Römer 2,28f). Nur sie werden nach Israel heimkehren. Ein Rabbiner aus der Schweiz schreibt: „Auch wenn wir heute noch in Basel leben – unsere Heimat ist in Israel! Unser Wunsch ‚Nächstes Jahr in Jerusalem!' wird sich bald erfüllen."

Folgerichtig sagte Israels Staatspräsident Ezer Weizmann in einer Neujahrsbotschaft an das jüdische Volk:

„Die Heimkehr a l l e r Juden ist eine historische Notwendigkeit. Denn die Gegenwart zeigt uns, daß die jüdische Zukunft allein in Israel liegt."

Das allen Juden der Welt verheißene Land hat Platz für sie alle.

Und was ist mit den „verschollenen" Stämmen Israels?

Gegenwärtig leben in Israel Juden aus den alt-israelitischen Stämmen Juda, Benjamin, Levi (Priestergeschlecht) und Dan. Sie repräsentieren heute das Volk Israel.

Wie aber ist das mit den anderen Stämmen Israels, die seit mehr als 2500 Jahren offiziell verschollen sind?

Manche jüdischen Religionswissenschaftler wie Prof. David Flusser und Prof. Schalom Ben-Chorin vertreten die Auffassung, daß die heute in Israel lebenden Juden aus allen 12 Geschlechtern Israels kommen, weil sie in früherer Zeit untereinander geheiratet hätten. Dieser Theorie kann ich mich allerdings nicht anschließen, denn sie deckt sich meines Erachtens so nicht mit den Aussagen der biblischen Prophetie.

Gott hat zwar die physische Auferweckung des ganzen Hauses Israel verheißen (Hesekiel 37,1–14), zugleich aber auch die Wiederentdeckung und Heimkehr aller Stämme Israels ausdrücklich mit Namen erwähnt. Die einzelnen Stämme werden auf die „Berge Israels" zurückkehren und zusammen mit dem Königsgeschlecht Juda in einem Staat und unter einer Regierung ein Volk sein: Das Volk Israel! (Hesekiel 37,15–22).

Dazu der Jerusalemer Rabbiner Elijahu Avichail, der sich seit mehr als 35 Jahren intensiv mit der Erforschung und Suche nach den verlorenen Stämmen Israels befaßt:

„Der Prophet Hesekiel berichtet, daß in den letzten Tagen die 10 Stämme mit dem Königreich Juda wieder vereint werden... Wir glauben deshalb, daß die 10 Stämme zurückkehren werden... In Jeremia (31,21) spricht der Herr: ‚Richte dir Wegweiser auf..., richte deinen Sinn auf die Straße, auf der du gezogen bist. Kehre zurück, Jungfrau Israel, kehre zurück...' Das sind nach unserer Auslegung die 10 Stämme Israels. Und in Hesekiel (11,16) lesen wir, daß sie auch in der Ferne noch Spuren ihres Glaubens in sich tragen. Darum müssen wir uns unter den Völkern und ihren Ländern umschauen nach Menschen, die jüdische Anzeichen haben und möglicherweise von den 10 Stämmen Israels abstammen. Ihnen müssen wir helfen, zum jüdischen Leben und Glauben zurückzufinden... Selbst wenn ein Jude assimiliert ist, wird er durch Konversion zurückkehren. Jeder, der eine jüdische Seele hat, wird heimkehren. Keiner wird zurückbleiben. Es werden Millionen sein."

Dabei wird aber die Stammeszugehörigkeit des einzelnen Juden nicht aufgehoben werden. Denn Gott hat keinen dieser Stämme aus den Augen verloren: „Der Herr schaut auf alle Stämme Israels" (Sacharja 9,1).

Auch im Neuen Testament werden die einzelnen Stämme Israels namentlich erwähnt. Sie werden laut der Verheißung aus Jesaja 49,6 wieder an die Öffentlichkeit treten und zu Ansehen kommen, wenn Gott je 12.000 aus jedem Geschlecht in den kommenden apokalyptischen Ereignissen unter seinen besonderen Schutz stellen wird (Versiegelung: Offenbarung 7,1–8). Schließlich werden sie in Offenbarung 21,12 genannt: Im zukünftigen messianischen Reich tragen alle 12 Tore Jerusalems ihre Namen.

Mit der Heimkehr der äthiopischen Juden aus dem Stamm Dan, der bis 1973 offiziell als verschollen galt, ist der Anfang gemacht. Weitere Juden aus anderen Stämmen Israels werden entdeckt werden und folgen. Der Exodus von Juden aus den Völkern und Ländern der Welt nach Zion geht weiter. Weil Gott es so beschlossen hat!

Lassen Sie uns deshalb mit Israel Gott preisen:

„Herr, du bist Gott, ich lobe deinen Namen, denn deine Ratschläge von alters her sind treu und wahrhaftig!" (Jesaja 25,1)

Namensverzeichnis